自治と教育の地域づくり

新・地域社会論 II

内田和浩

日本経済評論社

はしがき

本著は，筆者が北海学園大学経済学部で2008年度から担当している地域社会論IIのテキストとして作成したものである．すでに地域社会論Iのテキストとして『参加による自治と創造：新・地域社会論』を2019年6月に刊行しており，本著はその続編となる．

地域社会論IIも，2008年度から毎年1部2部併せて500人を超える学生たちへ向けて講義を行ってきたが，2020年度までの13年間は，テキストとして拙著『「自治体社会教育」の創造』（北樹出版，2001），そして2011年度からは『「自治体社会教育」の創造［増補改訂版］』（北樹出版，2011）を使用してきた．

本著のタイトルは，『自治と教育の地域づくり：新・地域社会論II』とした．前著では『参加による自治と創造』をタイトルとし，筆者の学部時代の恩師である島田修一教授（現・中央大学名誉教授）の言葉を掲げたが，本著は，筆者自身が実践的研究者として主張してきた「自治の論理と教育の論理の統一による地域づくり」からの言葉である．

筆者は，2008年度から全学の社会教育主事課程の講義・演習と並行して，なおかつ関連させながら，経済学部で地域社会論I・IIの講義を担当している．2009年に社会教育主事課程のカリキュラムを改訂した際，経済学部の学生には，地域社会論I・IIの講義を社会教育特講として必修にした．特に地域社会論IIでは，「地域づくりには，地域住民の主体形成が不可欠であり，そのためには意図的な地域づくり教育が重要である」と講じてきた．地域づくり教育とは，学校教育とは違い，地域社会に生活している住民一人ひとりの主体的な参加によって，住民同士が相互に学びあいながら，合意形成をしつつ自治的に創っていくものであり，まさに「自治と教育の地域づくり」といえる．したがって，本著を貫く基本的な考え方として，このタイトルを掲げることにした．

本著では，まず「序章　地域づくりとは何か」として，筆者が考える地域づくりを定義し，今後の講義内容の方向性を示す．

「第1部 わかるの豊富化としての『自治体社会教育』」(第1章～第5章) は，筆者がこれまで13年間行ってきた地域社会論IIの講義レジュメとテキストをもとに，学生たちとのやり取りの中から筆者自身が学び発展させてきたことをまとめたものである．ここでは，具体的な実践事例（八雲町・白老町・ニセコ町）をもとに，地域住民の自治活動と地域社会教育実践を統一して捉え，自治体づくり，地域づくりを進めていく「自治体社会教育」の理論枠組みをしっかり理解してほしいと思っている．

「第2部 リーダーのライフヒストリーから見た地域づくり」(第6章～第10章）は，筆者が本学に来て13年間担当してきた経済学部でのゼミ（地域社会論ゼミ）で毎年実施してきた地域研修において，隔年で行っている質的調査法を用いて，地域づくりのリーダーたちのライフヒストリー調査を整理分析した学生の報告がベースになっている．したがって，各章は当時の学生たちとの共同作品といえる．ここでは，地域づくりのリーダーたちがどのような実践（自治と教育）を経て，リーダーとなっていくのか，その意識変革のプロセスを実感してほしい．

「第3部 地域づくり教育のすすめ」(第11章，第12章）は，本著で学ぶ学生に，筆者が講義で主張してきた「自治体社会教育」としての地域づくり教育の担い手になってほしいとの願いから，講義でも最終講義に語ってきたことを中心にまとめた．

なお，読みやすくするためなるべく注記は設けず，必要な箇所については著者名で示し，章ごとに文末に参考文献として掲載した．また，第1部の各章には文末に「今日の課題」として，これまでの講義の中で提示してきた学生たちの復習課題を示した．

目次

第２部　リーダーのライフヒストリーから見た地域づくり

第3部　地域づくり教育のすすめ

序章
地域づくりとは何か

1. 地域づくりの定義

地域社会論IIでは，最初の講義（第1講目はガイダンスであるが，その後短めの講義をしている）で，いつも学生たちに「地域づくりとはなにか」について話すことにしている．

学生たちは，すでに前期の地域社会論Iで地域・地域社会について学んでおり，「地域づくり」という言葉は何度も使ってきたが，特に地域社会論Iでは「まちづくり」という言葉を田村明の定義として説明してきた．したがって，ここでは「まちづくり」と「地域づくり」を「似たような言葉」として曖昧にするのではなく，あえて別の意味を持った言葉として定義しようと試みた．

筆者は，これまで地域づくりについては，以下の定義を使ってきた．

地域づくりとは，そこに住む一人ひとりの主体（主体＝私，私たち）が，将来にわたって幸福に暮らしていける地域（区域としての「コミュニティ」・自治体．それは，その主体同士の「関係」であり，主体を取り巻く「環境」である）を創っていくこと，そしてその幸福や暮らしの中身（これは「価値」を伴う）や内容（それは実体としては「質」ということ）を主体自らが決定（「自己決定」）していけることである．

しかし，この定義は悪文である．「　」や（　）が多くて，わかりにくいとか難しいとよく言われてきた．したがって，少し解説が必要である．

つまり，地域づくり＝「地域を創る」とは，その主体同士の関係や，主体を取り巻く環境を創っていくことである．したがって，環境であれば橋や道路，ビルを造ったりするハード面の条件整備を，主体同士の関係では「福祉のまちづくり」や「生涯学習のまちづくり」「絆づくり」といったソフト面を指している．さらに，主体がそのまわりの関係や環境を創っていくということは，その際に幸福や暮らしの中身の価値観や質が問われる．その価値観や質も，実は主体自身が自己決定していくことなのである．そして，その地域づくりを通じて，基礎自治体を制度的地域空間・地域社会とする現代的地域共同体が創られていくのである．

では，私が定義してきた地域づくりと田村が定義したまちづくりとは，どこが違うのだろうか．

田村は，「一定の地域に住む人々が，自分たちの生活を支え，便利に，より人間らしく生活してゆくための共同の場を如何につくるかということである．その共同の場こそが『まち』である」としている．つまり「まち」とは，筆者の「地域社会」の定義とほぼ同様の意味であり，その地域社会を誰がどうやってつくっていくのか，そのためのしくみや制度はどうあるべきか，ということが「まちづくり」の課題だといえる．

つまり，田村のまちづくりの定義では「一定の地域に住む人々」＝地域住民がイコールで，まちづくりの担い手（主体）になるわけである．しかし，筆者の地域づくりの定義では，担い手＝「地域づくりの主体」であり，地域住民すべてが即主体ではなく，地域住民は「主体に成っていく過程の存在」として捉えている．したがって，そのための「地域づくりの主体」形成＝地域住民が本物の主体になっていくことが不可欠なのである．

2.「地域づくりの主体」形成に必要なこと

では，そのような「地域づくりの主体」形成はどうしたら可能なのだろうか．そこで必要なのが地域住民の意識変革である．以下の４つの話を熟読して，意識変革のために必要な「学習」と「教育」の違いと関連について，皆さんに考えてほしいと思う．

(1)　北風と太陽

以下の文章は，筆者がかつて北海道町村会の機関誌『フロンティア 180』(2002 年新春号）の巻頭言に書いたものである．

かつて松下圭一氏は，『社会教育の終焉』を著し「オシエ・ソダテル」という社会教育を否定し，「市民社会の成熟」による「市民文化」と「文化行政」の創造を提起した．相前後して「いつでも，どこでも，だれでも，なんでも」学べる，学び続けられる「生涯学習社会の到来」が謳われ，自治体行政組織から社会教育という言葉が消えていったところも少なくない．

しかし，教育とは，決して「オシエ・ソダテル」という固定的・限定的な概念ではない．「教育の三形態」（定型・非定型・不定型）論を持ち出すまでもなく，それは自らの「学び」をベースにその「学び」を自らの主体形成の見通しを持った「学び」へと組織し援助し構造化していく「自己教育」を本質とするものなのである．

21 世紀を迎え，地方分権を名実ともに実現していこうとしている今，私が「自治体社会教育」の創造として提起しているのは，「自治の論理」と「教育の論理」の統一による自治体づくりそのものである．

だれかれに指導されて「自ずから治まる」自治ではなく，「市民」としての住民自身が「自ら治める」自治．だれかれに「オシエ・ソダテ」られる教育（定型教育）ではなく，自らの「学び」(非定型教育）をベースにその「学び」を自らの主体形成の見通し（真の「市民」になっていく）を持った「学び」(不定型教育）へと組織し援助し構造化（定型・非定型・不定型を貫く）していく教育．

それは，イソップ童話の「北風と太陽」において，北風では吹き飛ばすことができなかった上着を，暖かな太陽の日差しによって自らの意志で脱いだ旅人のように，自らの意志で行動できる「市民」が形成され，その「市民」が「協働」して自治体を創っていくことなのである．

旭川に移り住むようになって早1年．道都・札幌に住んでいてはあまり見えなかった，北海道の自治体を取り巻くきびしい「北風」を感じることができるようになった．それは，外からの「北風」ばかりではなく，内なる「北風」でもあった．童話「北風と太陽」のように，「太陽」は待っていてもやってこない．それは，自治と教育によって自ら創り出していかなければならないものなのである．

(2) 生きること，学ぶこと，働くこと

以下の文章も，かつて筆者が雑誌『月刊公民館』(2003年4月号) に「公民館で働くということ」と題して掲載したものの一部である．

私たちは，日々人間として生活し生きています．あえて「人間として」と書いたのは，前述のように「今」という時代は「人間として」の足元が揺らいでいると感じているからです．

人間の生活世界は，「生きること」が「食べること」に直結する「弱肉強食」の他の動物世界とは異なっています．では，人間の生活世界における「生きること」は，何とつながっているのでしょうか．私は，「生きること」は「学ぶこと」「働くこと」と不可分であると考えています．私たち人間にとっては，「生きること」の重要な要素である「食べること」においても，単に食べたいときに空腹を満たすことでなく，おいしいとか，楽しいとか，体にいいとか，調理という「働くこと」を媒介にして獲得してきた食文化がそこに介在しています．そして，その食文化は，「学ぶこと」によって広く人間社会に伝承され，新たな「働くこと」を媒介してさらなる獲得が絶えず繰り返されていくものなのです．まさに人間の生活世界は，「働くこと」「学ぶこと」によって人間として「生

きること」を生み出してきたといえます．

「公民館で働く」皆さん自身も，その地域に生活する住民の一人であり，学習者の一人です．そして，そのことを前提にした学習支援者であり，協働によって地域創造していく担い手なのです．したがって，「新しい時代をひらく公民館の仕事」を担うためには，まさに「生きること」「学ぶこと」「働くこと」を自己の中で自覚的に統一させていかなければならないのだと思います．

だからこそ，地域社会という人間の生活世界を，そこで生活している一人ひとりの地域住民とともに，自らもその地域の生活者としてともに「生き」，自らも学習者としてともに「学び」，地域を創る仲間としてともに「働く」．そのことを通じて，公民館は，地域住民が“集い・学びあい・つながる”場となり，互いに“知り合い・関わり合い・思い合い・支え合う”関係を創り出していけるのだと思います．

(3)　保健師さんの仕事

保健所や市町村で働く保健師の仕事は，病院に勤務して医療に携わる看護師と似ている．しかし，看護師が病気の人々を「治療」する仕事であるのに対して，保健師の仕事は公衆衛生と称されて，人々が病気にならないように「予防」したり，軽度の病気を持つ人々が地域で暮らしていくことを助けたりする仕事である．したがって，一般的に保健師の仕事は，たとえば糖尿病の予防のために，地域の大人が塩分を取りすぎないように「指導する」ことになる．ところが，現実にはいくら保健師が「指導」しても，当の本人が「味が薄いと食べた気がしない」とか「外食ばかりで，好きな物ばかり食べてしまう」等，なかなかうまくいかないことが多い．そのような中で，保健師たちは「健康学習」と称して，健康づくりや予防の当事者である地域住民自身が，学びを通じて気づいていき，自ら自覚的に行動できるように支える働きかけを進めている．「指導」ではなく「学習支援」として，自らの仕事を見つめ直して取り組んでいるといえる．

(4) 「知」を拓く学び

以下の文章は，島田修一の編著『知を拓く学びを創る：新・社会教育入門』（つなん出版，2004）からの引用（要約）である．

「知」を獲得するのが学びであり，そのいとなみを支えはげますものが教育である．そのとき，どのような「知」が選び取られていくべきか．それは，おそらく人間を豊かにし，人間がいっそう人間らしく生きられるような「知」でなければならないだろう．しかし，いま現実社会の矛盾に満ちた状況を切り拓くはずの「知」は，人びとを幸せにする力を持っていると実感できるだろうか．「知」は機能不全に陥っているのではないだろうか．

「知」の名においてすすめられた科学技術の進歩とそれに支えられた経済発展も，世界規模で進んだ諸民族の交流も，期待されたものとは逆に，人びとの間に深刻な矛盾を引きおこすまでに至っている．全地球を覆うとめどなき環境破壊，一向に改善されることのない南北格差の貧困構造，グローバリゼーションの下ですすむ国家間の支配従属関係の深化，激化し繰り返される民族紛争，そして依然として存在する核戦争の危機．私たちがこれまで積み上げてきた「知」とは，いったい何であったのか．私たちはいま，あらためて「知」と理解してきたものを根底から問い直さなければならない．

単純に「知」への期待を語ることのできないのが現代である．その意味で教育は深刻な課題に直面している．教育はもはや，学ぶ者の外部から，あれこれの「知」を与えるいとなみとしては存在し得ない．教育のいとなみとは，自ら「知」のあり方を問う人間を育てること，自らの内部に自らを拓いていく「知」を創る主体を育てるいとなみにほかならない，ととらえ直されるべきである．

このとき教育は，「教え育てる」という伝統的な発想から解放される．現代を拓く学びは，旧来の教育では創ることはできない．教育は，一人ひとりの内に自らを豊かに発展させる力を創るいとなみにほかならない，と理解されるとき，教育とは，自己を発展させるいとなみ，すなわち自己教育を軸にとらえ直される．

(5) 教育のイメージが違う「地域づくり教育」

(1)～(4) を読んで，「なぜ教育なのか」と思う人もいるだろう．小学校から高校までの学校教育に嫌な思い出を持っている人には，教育という言葉にあまり良いイメージがないかもしれない．一般的には，誰かに「勉強させられる」感じがして，苦手な言葉の一つと見られている．

しかし一方，「学ぶ」とか「学習する」とかいう言葉は，自らが主体的に取り組む積極的な言葉として，肯定的にも受け取られている．

つまり，地域づくりを進めるためには，人々の「学びあい」による地域住民一人ひとりの意識変革（「地域づくりの主体」形成）が不可欠となり，その「学びあい」が「地域づくり学習」であり，それを意図的に組織することを「地域づくり教育」というのである．

そして，人々が何かを学んでいく時，その何かを「わかった」＝理解した，ということが学びの一つの到達点であり，学ぶ（学習）とは，わかっていくプロセスである．教育とは，このような学習＝わかっていくプロセスを「価値観」を伴って意図的に組織することをいうのであり，本来「教育の本質は，自己教育だ」といわれている．

したがって，学習と教育とは表裏一体の言葉であり，教育は学ぶ（学習）よりも積極的な主体的な言葉なのである．そして，教育には「定型」「非定型」「不定型」の 3 つの形態があり，一般的な教育のイメージである学校教育は，「定型」という教育の一形態に過ぎないのである．

3. 地域づくり教育は，「わかるの豊富化」

「わかるの豊富化」とは，筆者の造語である．もう 20 年以上前から，地域づくり教育をやさしく説明するために使ってきた．

わかっていくプロセス（学ぶ〔学習〕）の結果としての「わかった」には，「なんとなくわかった」とか，「言葉としてはわかった」「意味はわかった」等の違い（段階）がある．「自分の言葉で説明してください」「自分でやってみてください」と確認すると，本当はわかっていなかったということも多い．

したがって，わかっていくプロセスには，「(なんとなく) わかる」→「(知識として) わかる」→「(できる，または行動できる) わかる」という段階がある．そして，最後の「(できる，または行動できる) わかる」が，本当に「わかった」という段階といえる．

一方，地域社会において地域住民一人ひとりが個々の「わかった」に基づいて「自分たちの住む街を良くしよう，変えていこう」と行動すると，利害関係やら目先の利益の違い等から相互に対立することも多くなる．地域生活の中では，一人ひとりの住民が勝手気ままに行動されては逆に困ることも多い．

つまり，地域づくりにおいては，利害関係の対立やら目先の利益等，合意形成によって克服していかなければならないことが数多く存在している．

したがって，地域づくり教育では，地域住民一人ひとりが個々（私）の「わかる」を「協同的な私たち」の「わかる」へ，さらに「公共的な私たち」の「わかる」へ変えていかなければならない．

筆者は，このような「私」「協同的な私たち」「公共的な私たち」が，「わかる」を獲得していくプロセスを「わかるの豊富化」と名付けたのである．

したがって，このような「公共的な私たち」として「わかる」を形成した人々が「市民」＝地域づくりの主体なのである．つまり，地域づくりの主体（「市民」）とは，地域づくり教育を経ているいないにかかわらず，段階的な意識変革により「協同的意識」を経て「公共的意識」を形成した人々なのである．

「わかるの豊富化」のプロセスを図にしたのが図序－1である．

左から右への矢印が主体形成のプロセスである．自己疎外としての無意識・虚偽意識状態を絶えず生じさせている地域社会の現実があり，人々は

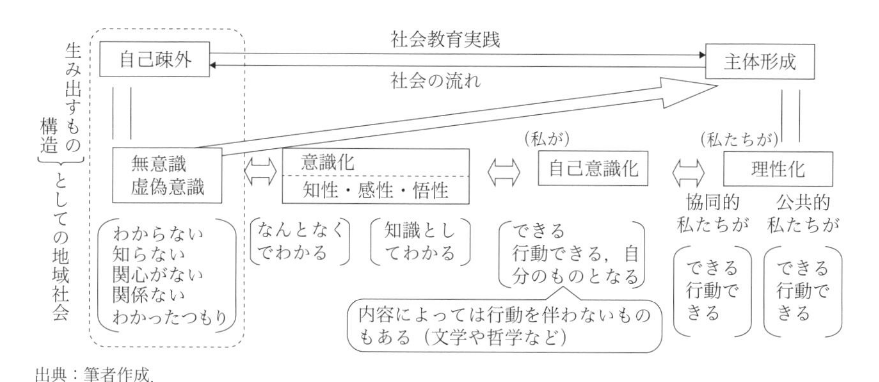

出典：筆者作成.

図序-1 「わかるの豊富化」のプロセス

「わからない」「知らない」「関心がない」「関係ない」という状況や「わかったつもり」になっている状況に置かれている．しかし，自己学習・相互学習，そして意図的な働きかけ（教育）によって，「わかっていくプロセス」が生じ，意識化（「(なんとなく）わかる」「(知識として）わかる」)，そして自己意識化（「(できる，または行動できる）わかる」）して，わかるの豊富化が進んでいくのである．しかし，それだけでは地域社会の主体になることはできない．地域づくり教育が必要であり，そこでは意図的に利害関係の対立や目先の利益を克服し，合意形成を積み重ねていく中で，「(協同的な）私たちがわかる（できる，または行動できる)」へ，さらに「(公共的な）私たちがわかる（できる，または行動できる)」へ主体形成していくことができるのである．

補論　教育の三形態と教育的価値

最後に，地域づくり教育も教育学の概念規定の上に成立しており，補足的に教育の三形態と教育的価値について説明したい．

まず筆者は，教育の三形態を以下のように定義している．

①定型教育は，定型のカリキュラムを持ち，教育主体（教師や講師）と教育客体（生徒や学生）の分離・固定による教育主体から教育客体への教育実

践である．つまり定型教育とは，学校教育形態のことである．たとえば，自動車学校とか資格取得のための講習会等も，大人を対象とした定型教育といえる．

②非定型教育は，学習主体自身による自主的・主体的学習実践と，その組織化である．非定型教育は，一般的には社会人が個人で本や新聞を読んだり，図書館で調べ物をしたりという個人学習のイメージだが，公民館や集会所での同好の人々によるサークル活動等もこれに入り，相互学習のイメージもある．しかし，そういった自主的・主体的学習実践は，それらを意図的に組織化して発展していくことが多く，自己教育，相互教育の基本となる．

③不定型教育は，教育主体と学習主体の協働による教育実践である．絶えず学習主体から教育主体への移動が行われている．不定型教育は，上記の非定型教育から発展して，個人ではなく集団的に，意図的に取り組まれる学習活動の組織化である．「地域づくり教育」とは，まさに不定型教育そのものといえる．

次に，「わかるの豊富化」を意図的に組織する教育には，価値観（教育的価値）が伴うが，具体的な教育的価値とは何であろうか．

その普遍的な価値の一つとして，「人格の完成」を上げることができる．1947年に制定された教育基本法には，「教育の目的」として「教育は，人格の完成をめざし，平和的な国家及び社会の形成者として，真理と正義を愛し，個人の価値をたつとび，勤労と責任を重んじ，自主的精神に充ちた心身ともに健康な国民の育成を期して行われなければならない」と書かれている．また，「ユネスコ学習権宣言」（1973年）には，「学習活動はあらゆる教育活動の中心に位置づけられ，人々を，なりゆきまかせの客体から，自らの歴史をつくる主体にかえていくものである」と書かれており，このことも，教育的価値の代表的なとらえ方といえよう．さらに，筆者は島田修一の「『何に向けての学びか』を問い続けること」も教育的価値の一つだと考えている．

参考文献

内田和浩『参加による自治と創造：新・地域社会論』（日本経済評論社，2019）
田村明『まちづくりの実践』（岩波新書，1999）
内田和浩『「自治体社会教育」の創造』（北樹出版，2001）
内田和浩『「自治体社会教育」の創造［増補改訂版］』（北樹出版，2011）
内田和浩「北風と太陽」（『フロンティア 180（2002 年新春号）』北海道町村会，2001. 12）
内田和浩「公民館で働くということ」（『月刊公民館（2003 年 4 月号）』全国公民館連合会，2003. 3）に
島田修一編『知を拓く学びを創る：新・社会教育入門』（つなん出版，2004）

第１部　わかるの豊富化としての「自治体社会教育」

第1部は，筆者がこれまで13年間行ってきた地域社会論IIの講義レジュメとテキストをもとに，学生たちとのやり取りの中から，筆者自身が学び発展させてきたことをまとめたものである．

2020年度の地域社会論IIのシラバスは以下のとおりであった．

第1講　ガイダンス，地域づくりとは
第2講　八雲町を事例に①概要・歴史と特徴
第3講　八雲町を事例に②「八雲山車行列」とまちづくりの推移
第4講　八雲町を事例に③地域青年活動から地域づくりへ
第5講　八雲町を事例に④リーダー層の地域づくりの主体形成
第6講　八雲町を事例に⑤小括と今後の展望
第7講　白老町を事例に①概要・歴史と特徴
第8講　白老町を事例に②「元気まち運動」と協働のまちづくり
第9講　白老町を事例に③子育て，消費生活，福祉，イベントから地域づくりへ
第10講　白老町を事例に④リーダー層の地域づくりの主体形成と自治体職員
第11講　白老町を事例に⑤小括と今後の展望
第12講　ニセコ町を事例に①自治基本条例と地域づくり
第13講　ニセコ町を事例に②「あそぶっくの会」に見る新しい公務労働
第14講　地域社会と地域づくりの主体形成
第15講　総括～「自治体社会教育」の可能性

第1講の「地域づくりとは」は，すでに序章で取り上げた．また，第14講と第15講で講じてきた内容は，第3部で取り上げる．

したがって，第1部の各章で取り上げるのは，これまで地域社会論IIの第2講から第13講で講じてきた内容が中心になる．講義では，テキストとして拙著『「自治体社会教育」の創造』（北樹出版，2001），そして2011年度からは『「自治体社会教育」の創造［増補改訂版）］』（北樹出版，2011）を使用し，必要に応じて関連頁を提示しながら講じてきた．

「第1章『自治体社会教育』の理論枠組み」では，序章で定義した地域づくり教育＝「わかるの豊富化」の理論枠組みとして，「自治体社会教育」における地域住民の「地域づくりの主体」形成へ向けた学習過程（意識変革）について，わかり

やすく説明していく．これを理解することが，本講義の前提となる．

「第2章『青年』が主体：八雲町の地域社会教育実践」では，第2講～第6講の講義レジュメと内田（2011）をもとに，八雲町での地域社会教育実践が「青年」を主体に展開されてきたことと，その意味を論じていく．

「第3章 協働のまちづくりが深化：白老町の『元気まち運動』」では，第7講～第11講の講義レジュメと内田（2011）をもとに，白老町の「元気まち運動」が協働のまちづくりとして展開していく中で「協働」の意味・内容が深化していったことを論じていく．

「第4章『自治を創る学び』：ニセコ町の『情報共有』『住民主体』」では，第12講と第13講の講義レジュメと内田（2011）をもとに，ニセコ町の「情報共有」「住民主体」を掲げて取り組まれた地域づくりが，「自治を創る学び」として展開して行き，我が国で最初の自治基本条例の制定に繋がっていったことを論じていく．

「第5章『まちづくり権』と自治基本条例の比較」は，講義ではこれまで第12講の中で紹介し，宿題として学生たちに考察してもらっただけであったが，ニセコ町で制定された自治基本条例がその後八雲町，白老町でも制定されており，その内容の比較と『まちづくり権』等との関連について論じていく．

なお，内田（2001）および内田（2011）では，「協同」と「協働」という言葉が同音異義語として頻出している．ここでは，それぞれ以下の意味として使用していく．「協同」は，同じ考え方を持つ仲間同士が他の住民に呼びかけてともに協力して取り組むという意味である．一方，「協働」とは主に自治体側から住民へ向けて，ともに協力して働くという意味で使われてきた言葉である．したがって本書では「協同」を住民側からの意味として，「協働」を自治体が政策として使用する言葉として使っている．

第1章
「自治体社会教育」の理論枠組み

1.「自治体社会教育」とは

筆者は，内田（2001）において「自治体社会教育」の創造を提起した．

「自治体社会教育」とは，いわゆる「自治体における社会教育行政」や「公的社会教育」等の狭い意味ではない．それは，既存の社会教育学や政治学・行政学等への批判の上に，設定した理論枠組みであった．その理論枠組みは，序章で定義した地域づくり教育＝「わかるの豊富化」と重なる．それをわかりやすく整理すると以下のとおりである．

「自治体社会教育」においては，地域住民の「地域づくりの主体」形成へ向けた地域社会教育実践が行われ，学習過程として意識変革が起こる．それは，以下の「A」「B」「C」「D」「E」と展開していく．

①　A（仲間意識）

人々が何かを学習しようと考え，学習・教育の場に参加すると，まず学習内容はともかく「仲間が欲しい」「一人で学ぶより集団で」という参加者の意識が強く，集団学習を通じて「〈A〉不安や悩みの共有による仲間意識」が形成される．一方，学習・教育の場というより集団活動（スポーツやサークル活動・文化活動等）に参加すると，ある1つのことに集団で取り組むという目的や目標を共有することにより「〈A′〉1つの目的に共に取り組む仲間意識」が形成される．そして，〈A〉→〈A′〉または〈A′〉→〈A〉を通じて，本音で話し合える関係としての「A（仲間意識）」が形成されていく．さらに，そこには「相互に依存しあう関係」から「個の自立に基づく関係」への発展がある．

② B（地域づくりに対する限定された協同的意識）

たとえば，「A（仲間意識）」を形成したある集団（青年団体，女性団体，高齢者団体，商工会，文化団体等）において，地域づくりを掲げた活動（イベントや文化活動等）が行われたとする．そこには，その集団にとっては他の住民ともいっしょに地域づくりに取り組もうという協同的意識はあるが，それは他の集団や住民諸階層と合意したものではなく，現実的な利害関係や課題を踏まえない，利害が共通していて限定された意味における抽象的な地域づくりに対する協同的意識である．

③ C（地域づくりに対する市民としての協同的意識）

「B」の意識を踏まえ，動員的・イベント的地域づくり実践を通じて，地域における地区間・産業間，および階級階層間の対立や矛盾に気づき，「B」の意識の限界を理解し，このような対立や矛盾を克服し，地域づくりに対する合意形成を進めていこうと取り組む協同的意識である．

④ D（地域づくりに対する公共的意識）

「C」の意識を踏まえ地域づくりに取り組む中で，市民の協同活動だけでは解決できない現代社会における「国家および財界と国民諸階層との間のきびしい対抗関係」が自覚されていく．そして，対抗の拠り所（地方自治の拠点）としての自治体の存在を自覚し，「地域づくりの主体」は自分たち「市民」であるという意識になっていく．これが，自治体の計画づくり等の政策過程に積極的に関わっていこうとする公共的意識（「しつつある意識」）である．

⑤ E（地域づくりの主体としての公共的意識）

「D」の意識を踏まえ，「地域づくりの主体」による協働の自治体政策過程に直接自覚的に参加し，または創りだし，「地域づくりの主体」として現実にふるまえる意識となる．これが，地域づくりの主体としての公共的意識（「実行ある意識」または「行動する意識」）である．

つまり，ここでの「B」「C」「D」「E」の意識は，図序-1の「わかるの豊富化」のプロセスのうち，「B」「C」は「協同的な私たち」が「わかる（できるまたは行動できる）」を形成していく意識（「協同的意識」）であり，「D」「E」は「公共的な私たち」が「わかる（できるまたは行動できる）」を形成していく意識（「公共的意識」）なのである

「A」については，地域づくり教育＝「わかるの豊富化」の中には登場しない．しかし，「A（仲間意識）」は，協同的意識・公共的意識を形成し維持していく上で，基礎・基本となる意識であり，「自治体社会教育」の中ではもっとも重視しなければならない意識である．

なお，「自治体社会教育」では，このような学習過程（意識変革）は，地域社会教育実践における「生活実践」「学習実践」「地域づくり実践」「社会教育労働」「自治体公務労働」の5つの構成要素の関連や変化によって展開しているとし，5つの構成要素を定義して使用しているが，詳しくは内田(2011）を参照して欲しい．

2.「自治体社会教育」の見取り図

このような「自治体社会教育」を見取り図にすると，図1-1のように整理できる．

つまりここでは，

① 地域住民（議会議員等や自治体職員も含む）が「地域づくりの主体」形成をめざし「市民」となっていく地域社会教育実践（狭義）である「前段実践過程」

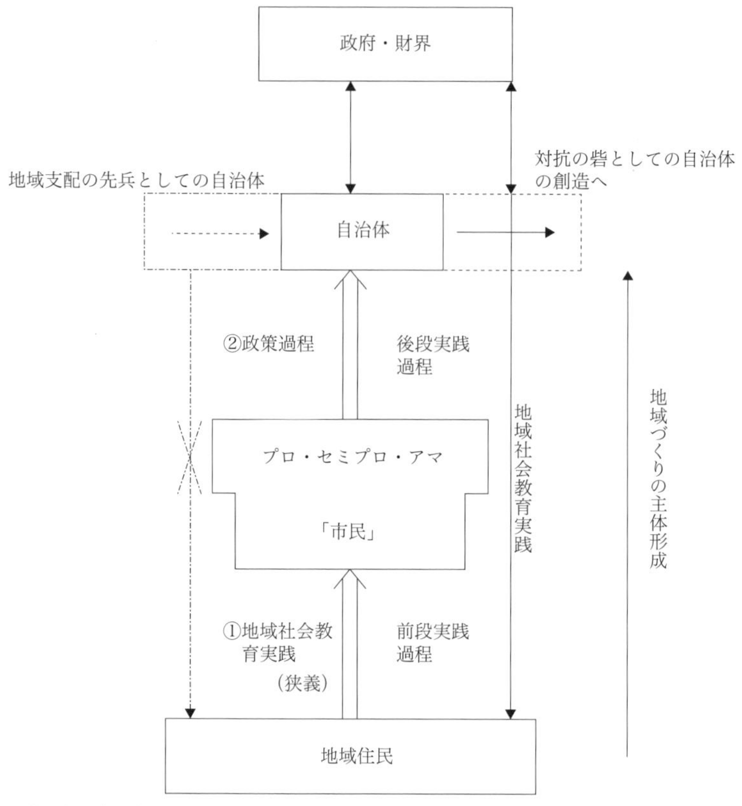

出典：内田（2011）p. 23.

図 1-1 「自治体社会教育」の創造の見取り図

② 「地域づくりの主体」としての「市民」である地域づくりの事務局のプロ・セミプロ・アマ相互の協働による自治体づくり（自治体としての意志決定とその執行・評価＝政策過程）である「後段実践過程」

という２つのプロセスを別々にとらえるのではなく，連続的に地域社会教育実践＝「地域づくりの主体」形成と「地域づくりの主体」による自治体づくりの統一ととらえ直して再定義したのである.

3.「自治基本条例」はなぜ増えないのか

筆者はすでに「自治体社会教育」の創造について，20年以上にわたって提起してきた．内田（2001）で取り上げてきた北海道八雲町，白老町の実践は，ともに1990年代までのものであり，講義の中ではその後20年以上の展開について補足しながら，過去ではなく現在も発展しつづける実践として論じている．

その中で，後に各章でも述べるが，まさに「自治体社会教育」の原動力である地域社会教育実践の到達点として，自治体の憲法としての自治基本条例の制定と見直しが行われている．全国で最初の自治基本条例は，2001年に施行されたニセコ町まちづくり基本条例であるが，それは「協働してまちづくりを進めるための取り組みをしくみとして保障するため」（逢坂誠二町長）策定したものであった．そして，その後白老町（2007年），八雲町（2010年）でも自治基本条例が制定され，意図的ではないにせよ，地域社会教育実践と同様な「協働のまちづくり」が進められていった結果，それらを「しくみとして保障するため」自治基本条例が策定されたとみることができる．

表1-1は，北海道内市町村の自治基本条例の施行状況を整理したものである．

北海道内の市町村では，2005年以降先駆的な自治体を中心に自治基本条例が策定されていった．しかし，2015年頃からその数は増えていない．それはなぜだろうか．

筆者は，数年前にある自治体の幹部から，自治基本条例策定へ向けての相談を受けたことがあった．「3期務めて来年勇退する首長が，1期目の公約に自治基本条例の制定を挙げていて，任期中に条例を策定したい」という話だった．そこで筆者は，「この間，具体的に取り組んだ協働のまちづくりの事例を教えてほしい．たとえば，住民の参画が進んだ事例として，まちづくり講座をはじめたとか，わかりやすく詳しい予算書を毎年町民に配布している

表 1-1　北海道内市町村の自治基本条例施行状況

1	ニセコ町	まちづくり基本条例	2001.4.1	30	厚沢部町	素敵な過疎のまちづくり基本条例	2009.4.1
2	奈井江町	まちづくり基本条例	2005.4.1	31	三笠市	未来づくり条例	2009.4.1
3	苫前町	まちづくり基本条例	2005.10.1	32	江別市	自治基本条例	2009.4.1
4	登別市	まちづくり基本条例	2005.12.21	33	八雲町	自治基本条例	2010.4.1
5	清水町	まちづくり基本条例	2006.4.1	34	和寒町	自治基本条例	2010.4.1
6	遠別町	自治基本条例	2006.4.1	35	士幌町	まちづくり基本条例	2010.4.1
7	沼田町	まちづくり基本条例	2006.4.1	36	名寄市	自治基本条例	2010.4.1
8	音更町	まちづくり基本条例	2006.10.1	37	鹿追町	まちづくり基本条例	2010.4.1
9	白老町	自治基本条例	2007.1.1	38	置戸町	まちづくり基本条例	2010.4.1
10	芽室町	自治基本条例	2007.3.5	39	北見市	まちづくり基本条例	2010.12.21
11	下川町	自治基本条例	2007.4.1	40	新十津川町	まちづくり基本条例	2011.1.1
12	札幌市	自治基本条例	2007.4.1	41	函館市	自治基本条例	2011.4.1
13	苫小牧市	自治基本条例	2007.4.1	42	美幌町	自治基本条例	2011.4.1
14	留萌市	自治基本条例	2007.4.1	43	別海町	自治基本条例	2011.4.1
15	帯広市	まちづくり基本条例	2007.4.1	44	中標津町	自治基本条例	2012.4.1
16	稚内市	自治基本条例	2007.4.1	45	士別市	まちづくり基本条例	2012.4.1
17	中札内村	まちづくり基本条例	2007.4.1	46	大空町	自治基本条例	2012.6.21
18	遠軽町	まちづくり基本条例	2007.4.1	47	新ひだか町	まちづくり基本条例	2013.1.7
19	秩父別町	自治基本条例	2007.7.1	48	斜里町	まちづくり基本条例	2013.4.1
20	美唄市	まちづくり基本条例	2007.9.1	49	栗山町	自治基本条例	2013.4.1
21	七飯町	まちづくり基本条例	2007.10.1	50	恵庭市	まちづくり基本条例	2014.1.1
22	黒松内町	みんなで歩むまちづくり条例	2007.11	51	湧別町	自治基本条例	2014.4.1
23	平取町	自治基本条例	2008.4.1	52	小樽市	自治基本条例	2014.4.1
24	上川町	自治基本条例	2008.4.1	53	旭川市	まちづくり基本条例	2014.4.1
25	石狩市	自治基本条例	2008.4.1	54	安平町	まちづくり基本条例	2014.12.26
26	芦別市	まちづくり基本条例	2008.4.1	55	岩見沢市	まちづくり基本条例	2015.4.1
27	上富良野	自治基本条例	2009.4.1	56	釧路市	まちづくり基本条例	2015.10.1
28	幌延町	まちづくり基本条例	2009.4.1	57	余市町	自治基本条例	2018.4.1
29	福島町	まちづくり基本条例	2009.4.1				

出典：特定非営利活動法人公共政策研究所「全国の自治基本条例一覧（更新日：2020 年 4 月 1 日）http://koukyou-seisaku.com/policy3.html」を筆者が一部修正・作成.

とか」と尋ねた．しかし，その幹部は「特にそういったことはしていない．自治基本条例を策定して，新たに取り組みたい」と返事をしてきた．

自治基本条例とは，条例ができたことで「住民がまちづくりの主人公」になるのではない．すでに行ってきた「住民がまちづくりの主人公」の取り組みを「しくみとして保障するため」に策定するものであり，首長が変わっても，その取り組みがなくならないためのものである．結局，その自治体は自治基本条例をつくらなかった．今もつくっていない．近年，自治基本条例を新たに策定する自治体が増えていない理由の１つとして，このような勘違いも多いのではないかと考える．

自治基本条例とは，さらにそれだけではなく「育てる条例」（ニセコ町）と言われている．ニセコ町はもちろん，八雲町も白老町も，４年または５年ごとに条例文を直して，改訂する取り組みを行っている．それは，「協働のまちづくり」の質が絶えず向上していることに他ならない．ここにも，「自治体社会教育」としての取り組みの成果をみることができると考える．

今日の課題

あなた自身のわかるの豊富化について，具体的な事例を挙げてそのプロセスを説明してください．

参考文献

内田和浩『「自治体社会教育」の創造』（北樹出版，2001）

内田和浩『「自治体社会教育」の創造［増補改訂版］』（北樹出版，2011）

第2章
「青年」が主体
—八雲町の地域社会教育実践—

1. 八雲町の歴史と概要

(1) 八雲町の位置

八雲町は，北海道渡島(おしま)半島の北部，北海道南部の拠点都市函館市と，全道有数の重工業都市室蘭市の中間に位置している．東は内浦湾（噴火湾），西は日本海に面し，北は今金町，せたな町，長万部(おしゃまんべ)町，南は乙部町，厚沢部(あっさぶ)町，森町と接している．

面積は約956km^{2}で，渡島総合振興局管内最大である．渡島山系をはさんで，東は遊楽部(ゆうらっぷ)川，落部(おとしべ)川，野田追川が，西は相沼内川，見市川が流れており，農業・漁業ともに恵まれた立地である．

2005年10月1日に「平成の大合併」によって，爾志(にし)郡熊石町と山越郡八雲町が合併し，現在の二海(ふたみ)郡八雲町になった．人口は，15,655人（男7,677人女7,978人），世帯数8,082世帯（2021年2月末現在）となっている．合併前の1995年国勢調査の八雲町人口は，18,034人であり，約25年で2,400人程の人口減と思えるが，「平成の合併」直前の旧・熊石町の人口が約3,000人だったので，実際には約15年で5,000人以上の人口減少となっている．

(2) 旧・八雲町の歴史

旧・八雲町は，1878年の尾張徳川家による開拓から始まっている．北海道における「酪農発祥の地」ともいわれ，酪農は尾張徳川家による開拓当初から行われているが，大正末期の澱粉価格の暴落以降，八雲町の農業の中心となっている．

その後，乳業工場ができて戦後開拓でも酪農家が増加し，関連産業の発展や官公庁の出先機関が設置されるなど，八雲町は酪農を基幹産業として発展してきた．

1957年には「昭和の大合併」によって旧・落部村（茅部郡落部村）と合併し，1959年には最大人口28,700人となった．しかし，高度経済成長における産業構造の変貌は，都市への人口集中をもたらし，その後は若者の流出と離農者の増加，鉱山の閉山等によって人口は減少していった．

しかし、その後北海道「新長期総合計画」（1987年）で「北部渡島の中心都市」として位置づけられて，2006年11月に開通した高速道路のインターチェンジの設置も計画され，北部渡島および桧山地方の商業圏の中心地となったことにより，国道バイパス沿いへの大型店の進出が進んだ．そのため，全体の人口は微減する中で第三次産業の人口は微増し，市街地地域の都市化が進む中継商業町としても発展したのである．

(3) 旧・熊石町の歴史

旧・熊石町は，江戸時代からニシン漁で栄えた漁業町である．北海道の多くの市町村が，明治維新後の「開拓の歴史」を中心にわずか百数十年の歴史しかないのに対して，旧・熊石町は，松前藩の熊石番所が置かれ，「和人地」と「蝦夷地」の接点であった．

1960年には，人口10,049人でピークとなり，1962年に町制施行した．しかし，その後のニシン漁の不良と漁業の衰退により，人口が急減していった．

(4) 「平成の大合併」と八雲町

前述のとおり，2005年10月1日に「平成の大合併」で現在の八雲町が誕生した．当時，檜山支庁（現・檜山振興局）にあった熊石町と渡島支庁（現・渡島総合振興局）の八雲町が合併することは異例であった．檜山支庁では，同年9月1日に北檜山町と瀬棚町，大成町の三町が合併してせたな町が誕生しており，八雲町と熊石町が合併することによって，檜山支庁は北部と南部の飛び地になった．

「平成の大合併」以降も，八雲町の人口減少は続いている．日本海側の熊石地区と太平洋側の八雲地区という地理的・地形的にも変則的な合併であり，冬場は雲石峠が唯一の両地区を結ぶ道路のため，積雪で通行止めになると町域が分断されることになる．

(5) 地域社会の構造

八雲町の地域社会の構造について概観すると，農業では，八雲地区は「酪農発祥の地」であり，現在でも酪農が八雲農業の中心である．他にも，軟白ねぎをはじめ道南唯一のもち米団地として「風の子もち」を生産しており，多種多様な農産物も八雲町の魅力の1つである．熊石地区は，平地が少なくもともと農業はあまり行われていなかったが，近年はイチゴのハウス栽培などが行われている．

水産漁業では，八雲地区ではホタテの養殖やサケ，熊石地区ではアワビの養殖が行われている．しかし，同じ漁業といっても収入格差が激しいのが現状である．そのような中，2020年より北海道初となる海面養殖で育てた「北海道二海サーモン」のブランド化などの取り組みにも力を入れている．

商業では，八雲地区は前述したように中継商業町として国道のバイパスには大型店がそろっている．しかし，それに反比例して八雲駅周辺の商店街は「シャッター通り」化が進んだ．近年は，新規移住者等による商店街の活性化も取り組まれている．一方，熊石地区では合併後，旧熊石町役場周辺にあった商業施設はほとんどシャッターを下ろしている．

その他，合併後も人口減少が進む八雲町では，小中高の学校の統廃合が相次いでいる．小学校は，合併時には15校あったが，2018年度には8校になっている．この間，八雲地区では小規模4校が閉校になったが，熊石地区では関内小学校・雲石小学校・泊川小学校・相沼小学校の全4校を統合し，2017年4月に八雲町立熊石小学校が開校している．中学校は，合併時には5

校あったが，2018年度には4校になっている．これは，熊石地区で熊石第1中学校・熊石第2中学校を統合し，2017年4月に八雲町立熊石中学校が開校したことによる．

なお，地域社会の構造については，詳しくは内田（2019）第4章「地域社会と社会調査」を参照されたい．そこには，地域社会の構造を知るためのツールとして，市町村史や自治体の統計資料について紹介してある．八雲町の地域社会の構造を理解する場合には，同町が編集・発行している「統計八雲」を読み解いてほしい．

2. 八雲山車行列と地域づくりの推移

筆者は，八雲町における地域社会教育実践を分析する際，その中心的な地域づくりの実践として「八雲山車行列」を取り上げてきた．ここでは，八雲山車行列について，そのスタートから現在までの歴史を概観するとともに，現在に至る八雲町の地域づくりの歩みを概観していく．

(1) 「八雲山車行列」の歴史

山車行列の前史は，1982年の「若人の集い」前夜祭で，メンバーがあんどん型の山車4台をリヤカーに乗せて歩いたことだった．

「若人の集い」とは，1979年に八雲町公民館の開館30周年を記念したイベントで，町内の青年団体やサークル，個人が参加する青年たちのお祭りであり，若人の集い実行委員会が組織され，若者たちの文化祭が行われた．当初は，1回だけのイベントの予定であったが，翌年以降も青年たちの要望があり，若人の集い実行委員会が主催して，文化祭だけでなくスポーツ大会等も毎年行われるようになり，青年たちの交流が深められていった．

しかし，本祭を盛り上げようとした1982年のリヤカーに乗せたあんどん型の山車4台の行列は，町民からの反応は惨憺たるもので，青年たちは代表者2人を青森県の「弘前ねぷた祭り」視察に派遣し，ねぷた絵師に学んだ．

翌年1983年6月の八雲まつりに,「若人の集い山車行列」として9台の本格的な山車を出し,第1回山車行列を行ったのだった.

その後,若人の集い実行委員会は規約をつくり,「住みよい地域づくり」をめざす活動を進めることを決め,山車行列を幅広い階層の町民によって担われるイベントとして,地域の新たな文化創造事業への発展を求めた.そのため,「町民100円カンパ」や「あんどん型山車づくり講座」等を行うとともに,「山車行列基本構想10年計画」を策定して取り組んだのである.その後,「弘前ねぷた」の特別参加などもあり,山車行列は発展していった.1988年には,読売教育賞を受賞している.

1989年には,参加団体による山車行列実行委員会が結成された.第7回八雲山車行列は,町民全体の協同活動としての地域のまつりへと発展し,新たにおはやし「八雲はね太鼓」「ふれあいばやし」「捻り太鼓」が創作され,地域文化を創造し継承する団体として「どどんこ座」も結成された.そして,札幌市や名古屋市・小牧市などへの山車の参加を通して規模も大きくなり,毎年30数台のあんどん山車が参加し,踊りやおはやしがつき,幼児からお年寄りまで各年代の自己表現の場となっていった.

1992年6月の第10回八雲山車行列では,沼田町・斜里町とともに「北海道三大あんどんサミット」を開催し,北海道を代表するイベントとして注目されていった.この年は,おはやし「八雲ふるさと音頭」が創作されている.1993年には,地域づくり優良事例知事表彰,1998年には国土庁長官賞を受賞した.

2002年6月には,第20回を迎え,再び「北海道三大あんどんサミット」を開催し,2004年には北海道地域文化選奨を受賞している.同年の第22回からは,日程を7月第1金・土に変更し,2012年には第30回を迎えた.八雲町民にとって,無くてはならない年中行事として位置づいてきたのである.

筆者のゼミ(地域社会論ゼミ)では,2011年から2013年までの3回にわたって,ゼミ活動の一環として八雲山車行列に山車の引手として参加させていただいた.筆者が講義の中で,八雲山車行列について取り上げてきたことに興味を持った学生たちが,「参加したい」と言い出し,山車行列実行委員会にお願いして参加させていただいたのだった.

残念ながら,コロナ渦で2020年の第38回は中止になったが,これからも八雲山車行列は八雲町の地域づくりに欠かせない存在として,開催されていくだろう.

(2) 八雲町の近年の地域づくり——総合計画から

1969年の地方自治法改正により,同法第2条4項に「市町村はその事務を処理するに当たっては,議会の議決を経てその地域における総合的かつ計画的な行政の運営を図るための基本構想を定め,これに即して行うようにしなければならない」と定められた(2011年改正で削除).以降,各自治体では10年から20年のまちづくりのための基本構想—基本計画—実施計画からなる総合計画を策定してきた.ここでは,総合計画をもとに近年の八雲町の地域づくりの推移を概観していく.

まず,八雲町の最初の総合計画は,八雲町総合開発計画(1972年～1980年)である.実はこの計画には,後に町を二分する対立に発展した「ナイキ基地誘致」は書かれていなかった.次が,八雲町発展計画(1981年～1990年)である.この時期は,前述のように「北部渡島の中心都市」として位置づけられた時期であり,中継商業町としての発展が期待された時期であった.

そして,第3期八雲町総合計画(1991年～2000年)には,スキー場とゴルフ場を建設する「"遊" リゾート」整備事業が提起され,八雲山車行列による地域づくりを中心的に担ってきた人々と役場との間で争点となった.その後,1995年4月の町長選挙でリゾート計画推進の町長が敗れ,慎重派の新町長が当選したため,結果として「"遊" リゾート」整備事業は行われなかった.

一方,1994年には八雲町CI推進計画が策定され,「自然美術館 八雲」というキャッチフレーズが付けられ,八雲町の自然環境の素晴らしさが注目されていった.

さらに，第4期八雲町総合計画（2001年～2010年）は，住民参加の手法を取り入れて策定されたが，2005年の熊石町と合併は，この総合計画に謳われていたわけではない．国からの「アメとムチ」による「平成の大合併」の大号令が，住民自治を押しのけた結果ともいえよう．

合併後の八雲町は，新八雲町総合計画（2008年～2017年）を策定し，まちづくりのテーマとして「道南北部の中心都市にふさわしいまちづくり」「人口と雇用が維持されにぎわいのあるまちづくり」「町民と行政が支え合う協働のまちづくり」を掲げた．そして，八雲町自治基本条例を，2010年4月1日に施行したのだった．

また，地方創生総合戦略に基づいて，第1期八雲町人口ビジョン・総合戦略（2015年度～2019度）が2016年2月に策定された．さらに，第2期八雲町総合計画（2018年～2027年）で「八雲発！・自然と人間を未来へつなぐ」というコピーを掲げ，「八雲町は太平洋と日本海，2つの海をもつ自然豊かな町として，歴史を紡ぎながら，将来に向けて農業・漁業のさらなる“発”展と新幹線開通を契機に，再生可能エネルギー導入による自然との調和を生み出し，八雲町の魅力を積極的に町内外へ“発”信することで，産業・経済・ひとが活“発”で笑顔あふれる町になるよう，これまで積み上げてきた自然と人との多様なつながりを未来へつなげるという想いを込め，これを10年後の目指すべき将来像とします」と記している．

現在は，第2期八雲町人口ビジョン・総合戦略（2020年度～2024年度）も作られている．

3. 地域を創る主体「青年」の形成過程

このような八雲町において展開している地域づくりを，筆者は地域社会教育実践と名付け，その担い手である地域を創る主体を「青年」と呼んでいる．以下，内田（2011）で分析した1973年から1995年の八雲町の地域社会教育実践をもとに，「青年」とはどんな人たちで，なぜ八雲町では「青年」が地域を創る主体となったのか，その形成過程を概観していきたい．

(1) 地域社会教育実践の時期区分

八雲町の地域社会教育実践は，まず前史として（1972年以前），農村を中心に展開していた青年団活動を中心とした青年活動がある．やがて，八雲町が純農村ではなく，商業中継町として市街地が形成されていく中で，市街地の勤労青年を巻き込む形で青年活動が変わっていかなければならない状況となり，新たな青年活動として公民館で1973年から中央青年学級が開催されることになった．そこで社会教育主事として採用されたのがIAさんであり，IAさんによって八雲町の地域社会教育実践が形成されていった．

1) 第1期（1973年～1976年前半）

中央青年学級では，農漁村青年や市街地の勤労青年たちが学級に参加し仲間づくりが進められた．やがて彼らは，学級が終わるとIAさんの下宿へ集まり，朝まで議論するようになっていった．このたまり場は，「わたぼこ会」と通称され，のちに喫茶店がたまり場となった．やがて，そこから，青年たちは「本音で語りあえる仲間の重要性」を学んでいく．また，映画同好会・演劇サークルなどが生まれた．

翌年には，それらのサークルやこれまでの青年団体の連携を深めていくため「八雲町青年連絡会議」が組織され，「働く青年の集い」を継続・発展させ，「同じ八雲の青年として利害を超えた仲間づくりと青年活動を進めていくこと」を目的として，さまざまな階層の青年たちが集まり，職業を超えて仲間になっていく，という展開が見られた．

しかし，1975年にそれまで「自衛隊ナイキ基地」反対を表明していた町長が，突然「ナイキ誘致」を打ち出したことによって，町内は賛成派反対派にわかれ騒然となった．そして，1976年2月の「働く青年の集い」において，青年たちが「八雲町の発展とナイキ」をテーマとした学習会を企画したところ，教育委員会の後援をもらえず，青年たちの教育委員会に対する不信感と挫折感が広がった．このことにより，青年活動は停滞していった．

2) 第2期（1976年後半〜1983年）

青年の自主的活動が停滞していこうとする中，IAさんは1976年11月に北海道教育委員会の「社会教育推進指導員制度」を活用し，中央青年学級や八雲町青年団体協議会（八青協）などの経験者（青年活動OB・OG）を中心にして，社会教育推進員会を発足させた．そこでは，自己研修や定例会の他，レクリエーション講座の主管や中央青年学級への指導，青年活動リーダー研修会などを行うようになっていった．

1979年には，公民館開館30周年を記念し「若人の集い」が企画された．広く町内の青年組織に呼びかけて，社会教育推進員会や八青協・中央青年学級，およびそのOBが中心的な役割をはたしながら実行委員会を組織した．さらに実行委員会は，単に事業を実施するための組織にとどまらず，それ自体が学習の場として本音で語り合い，団体同士が合意をつくっていくことをめざして運営した．「若人の集い」には，青年の文化サークルだけでなく，農協や漁協の青年部・地区労青年婦人部も参加するなど，町内のさまざまな階層の青年たちが参加していた．そして，当初は記念事業の予定だったが，実行委員会の反省会で次年度以降も継続していくことが確認された．本祭だけではなくバレーボール大会や運動会も開催し，若者たちの交流は深まり，実行委員会は一年間を通して組織されるようになっていく．

そして，1982年に本祭を盛り上げるために，前夜祭で「山車行列」を行ったのである．

八雲山車行列は前述したように，1983年に「若人の集い山車行列」として第1回が開催されたが，社会教育推進員会主管の青年活動リーダー研修会は，1982年から青年活動リーダー研修講座と名を変え，道外研修を開始して青年団活動の先進地への視察・交流を行っていた．これらのリーダーたちが視察等からの刺激を受け，山車行列を単なる仮装行列に終わらせずに，「若人の集い山車行列」として発展させていったのである．

そして，道外研修で学んだ秋田県・岩手県の青年団の「地域づくり」を主眼とした活動や，福島県の青年団が「地域づくり」活動と学習活動を進めていることから学び，青年たちの中に「住みよい地域づくり」が自覚され，それが共有化されていった．

リーダーたちの「住みよい地域づくり」の自覚は，1983年12月に若人の集い実行委員や若手・OBなどで「山車行列プロジェクト」および「山車行列オルグ団」を結成し，次年度へ向けた取り組みを検討していくことに発展した．「若人の集い実行委員会」という1つの青年団体としての転換をはかるための規約づくりも進められた．

その中から「利害関係（政治的利害や私的利害）を抜きにして，町民の心を山車行列によって1つにできるのではないか」という結論に達したという．

3）第3期（1984年〜1988年）

若人の集い実行委員会は1984年に定めた規約の中で，その目的を「青年の生活をたかめ住みよい地域づくりをはかること（第3条）」と掲げ，八雲山車行列による地域づくりを組織的に進めることを決めた．そこでは，山車行列を，単に若人の集い実行委員会が主催する事業から，町民を巻き込み，幅広い階層の町民によって担われるイベント，地域の新たな文化創造事業への発展を求めた．

こうして若人の集い実行委員会では，作成した「若人の集い山車行列基本構想」をもとに，資金集めと町民との相互理解のための「町民100円カンパ」やPR，山車づくりや交通規制や整理などのための他団体への協力・依頼などを進めていく．特に「町民100円カンパ」は，住民との直接の触れ合いを可能にし，青年と住民との信頼関係を創っていく上では重要なものとなった．

山車行列が大きく八雲町民の中に浸透していくのは，1985年の「山車行列」に「弘前ねぷた」が特別参加したことによる．そして，八雲の山車にも「あんどん型山車」を取り入れようと，弘前のねぷた師を講師にあんどん型山車づくり講習会を毎年実施する．毎年の「計画—実行—総括」をまとめた冊子『祭の創造』を作成し，祭や山車，その運営方法などの調査研究を行った．それに基づき，1986年12月に「山車行列基本構想10年計画」ができあがった．

そこには，1992年の第10回山車行列までの発展計画が年次ごとにまとめられており，参加団体で構成する山車行列実行委員会の発足，おはやしの創造と郷土芸能化や八雲の山車ガイドの作成，島根県八雲村との交流，新たなまつりの研究やミニコミの発行等であり，文化創造活動を地域住民が協同活動として行う地域づくりをめざしたものだった．

一方，1985年2月から始まった青年問題研究集会（青研集会）は，道外研修会から刺激を受け，別に青研集会実行委員会を組織したものだった．さらに弘前で「雪灯篭まつり」を見学したことによって，後に行われる「さむいべやまつり」（1988年1月から）へと展開していく．

また，1986年には，長野の青年からの紹介で「希望舞台」の八雲公演が実施され，若人の集い実行委員会のメンバーが中心となり，ふるさとシンフォニーを結成し，地域へ向けた新しい文化活動が始まった．1988年には「若人の集い」10周年記念事業として，「荒馬座」の公演とその指導者の指導による「おはやしの創造」事業が進められ，八雲ふれあいばやしなどの創作と講習が行われ，八雲山車行列に披露されたのだった．

しかし，山車行列やその他の文化創造活動が「利害を超えた人間関係作りをめざして」全町民に広げられている中で，逆に青年たちと他の団体等との利害対立や矛盾も明らかになり，それらの克服が新たな課題となった．

4）第4期（1989年～1991年）

1989年には，正式に山車行列が若人の集い実行委員会の事業から離れ，八雲山車行列実行委員会として独立し，より広い地域住民の参加による地域のまつりとしてスタートした．もちろん，若人の集い実行委員会のリーダーたちはその中核を担い，ここでの協同活動を支えていった．

したがって，毎年行ってきた『祭の創造』による計画―実行―総括―計画も，八雲山車行列実行委員会に引き継がれ，実行委員会形式の民主的運営方法や手弁当主義は貫かれた．さらに，山車行列実行委員会は通年の組織となり，参加団体からの実行委員による協同活動となっている．参加団体として，農協（職員）・漁協青年部・商工会青年部の産業団体やNTT・北電などの企業，さらには商店街の子ども会や同好組織などがある．農業者も同好組織や若人の集い実行委員会から参加しており，町内の広範囲の住民諸階層が参加するようになった．

また，1989年にはお囃子太鼓「八雲ふれあいばやし」などを日常的に練習する「どどん鼓座」が発足し，大人の部の他に子どもの部も有して，親子が共に地域文化を創造し伝承していく活動に発展していった．

さらに同年に，山車の製作作業や保管のための施設がつくられることになり，全町的な認知のもとに，若人の集い実行委員会が管理団体となり，教育委員会所管施設として「山車保管庫」が2棟設置された（1992年に3棟目が設置）．

この1989年に，若人の集い実行委員会は，「若人の集い」と名称を変えるとともに，町民に公開した学習会として「自然学習会」に取り組むようになった．また，町内の自然愛好家によって「ユーラップ川を考える会」が結成され，1990年からは教育委員会主催の「ユーラップ川自然体験学習会」も開催された．さらに，「なもないミニコミ」誌が創刊され，積極的に地域の情報を紹介し，地域づくりへの世論を形成する活動が始まった．やがて，これらの活動を担ってきたメンバーたちは「八雲町でいちばん自慢できるのは豊かな自然だ」と自覚するようになり，特に「ユーラップ川の自然」についての学習を積極的に行うようになった．

このような中で，1991年7月に出された「第三期八雲町総合計画」において，「“遊”リゾート計画」がうたわれ，砂蘭部岳へのスキー場・ゴルフ場などの計画が出されたのである．そこで自然保護の立場から，さらに協同を広げて，1992年1月に自然学習会「リゾート問題を考える」が開催された．そして，6団体で「八雲の自然と子どもを守る合同会議（守る会）」が結成され，町長等に対して質問状を出すなどして計画の反対を訴えはじめたのである.

5) 第5期（1992年～1995年現在）

「リゾート問題」の学習を通して，「守る会」の活動は，住民自身が「町づくり計画」を創っていくことをめざして取り組まれるようになっていった.

このような中で，1992年11月7，8日に「ユーラップ水辺のフォーラム」という学習会が幅広い階層の住民に呼びかけた実行委員会方式で開催され，八雲町および教育委員会，農協・漁協・JC・商工会青年部等も後援団体に名を連ねた. 全体で120名が参加したにもかかわらず，当日の町内からの参加者は実行委員を含めて20名弱であった. しかし，実行委員会を通じて新しい参加者も増え，フォーラム終了後「ユーラップファンクラブ」が発足した. その後「ユーラップファンクラブ」は，全道・全国からを含む約250名が会員となり，四季を通じたユーラップ川での観察会を開催している. 1993年11月には「四万十・長良・遊楽部」をテーマに，全国の清流と比較しながらユーラップ川の環境保全を学ぶ「第2回ユーラップ水辺のフォーラム」を，さらに1994年11月には「第3回ユーラップ水辺のフォーラム」を開催した.

一方，リゾート計画反対運動としての「守る会」は，この間町長との話し合いを続けてきたが，町長はあくまでもリゾート計画実現を貫く態度を崩さず，1993年12月に話し合いは決裂した. すでにヒューマングリーンプランの推進母体である林野庁が，町のリゾート開発の意向に基づき，国有地を地元に払い下げるという手続きをとっていたため，「守る会」は全国的な自然保護団体との連携・協力をもとに，林野庁函館営林支局に対して「住民側の意見をもっと聞くように，町に指導してほしい」との要望と交渉を進め，ついに1994年4月以降，林野庁は「住民の意見を聞く」という姿勢に変化した.

そして「守る会」は，1995年4月の町長選挙で3人の候補者へリゾート問題に対する公開質問状を提出し，その回答をチラシとして町民に公開し，町民に投票の材料としてもらうよう提起するという行動をとった．結果は，リゾート計画を見直し，住民の意見を聞きながら「住民参加」の町政を進めていくことを公約とした新人が当選し，「守る会」の要望が取り上げられることになった．「守る会」としての特定の候補への支持などは行われなかったが，結果として「守る会」メンバーの多くが支持していた候補が新町長となったのである．「守る会」の中には，「これでリゾート計画もなくなり，自分たちが提案してきた民主的な住民参加のまちづくりが今後展開していくであろう」との安堵感が広がったという．

(2) 実践の段階区分

次に，上記のように第1期から第5期に整理した八雲町における地域社会教育実践の展開を，そこで行われた実践内容とその学習過程（意識変革）の違いから段階区分した．この意識変革とは，第1章で整理した「A」「B」「C」「D」「E」のことである．

表2-1を参照しながら説明していく．

第1期（1973年～1976年前半）は，「地域青年活動の段階」である．この時期は，社会教育主事であるIAさんによる「わたぼこ会」での仲間づくりが行われ，その中から集団学習を通じて青年たちに「〈A〉不安や悩みの共有による仲間意識」が形成されていった．さらに〈A〉の意識をもとに，青年たちは文化活動やスポーツ等の集団（サークル）を結成して参加する等，「〈A′〉1つの目的に共に取り組む仲間意識」が形成され，〈A〉→〈A′〉を通じて本音で話し合える関係としての「A（仲間意識）」が形成されたのである．そこには，「相互に依存しあう関係」から「個の自立に基づく関係」への発展があった．

この時期IAさんは，さらにナイキ基地問題を「地域課題学習」として啓蒙的な学習を組織しようとしたが，うまくいかなかった．

第2期（1976年後半～1983年）は，「地域青年活動のネットワークの段階」である．この時期は，青年活動を発展させていくためには青年期の「仲間づ

表 2-1　八雲町における地域社会教育実践の展開と学習過程の概要

年	1973　74　75　76	77　78　79　80　81　82　83	84　85　86　87　88	89　90　91	92　93　94　95
期	第1期	第2期	第3期	第4期	第5期
段階	地域青年活動の段階	地域青年活動のネットワークの段階	イベント型文化創造型 地域社会教育実践の段階	協同型地域社会 教育実践の段階	地域生涯学習計画の 実践的創造の段階
主な組織活動	ナイキ基地反対および誘致運動 わたぼこ会 八青協 中央青年学級 各サークルの結成 八雲町青年連絡会議 働く青年のつどい	自衛隊 ナイキ基地完成 若人のつどい――(山車行列) 八青協 中央青年学級 各サークルの結成 社会教育推進員 青年活動リーダー研修 道外視察 お茶会	若人のつどい実行委員会 若人のつどい八雲まつり山車行列 (地域づくりを掲げる) 青年問題研究集会 ふるさとシンフォニー 八雲おやこ劇場 さむいべやまつり おはやしの創造 山車プロジェクト(「祭の創造」) 八雲村と交流をすすめる会 八雲日曜市	山車保管庫建設 八雲山車行列 (実行委員会主催) どどん鼓座 なもないミニコミ 八雲地域大学 自然学習会 ユーラップ川を考える会	ユーラップ水辺のフォーラム ユーラップ・ファンクラブ 八雲の自然子供の建康を守る合同会議 水環境シンポジウム
実践の内容	〈学習実践〉 ・仲間づくり 〈社会教育労働〉 ・専門労働者による啓蒙的な学習の構造化	〈学習実践〉 ・仲間づくりとネットワーク ・リーダー養成 ・地域づくりへの課題把握のための学習 〈社会教育労働〉 ・リーダー層〈自立化へ〉 ・専門労働者 (地域づくりへの課題把握を支える)	〈学習実践〉 ・地域学習→(地域課題学習へ) 〈地域づくり実践〉 ・イベント、文化創造活動 〈社会教育労働〉担い手の重層化 ・リーダー層・関連労働者(学習内容の指導等)・専門労働者	〈学習実践〉 ・地域課題学習 〈地域づくり実践〉 ・協同活動 〈社会教育労働〉 ・内容的重層化と地域的重層化	〈学習実践〉 〈地域づくり実践〉 ・地域づくり学習 〈社会教育労働〉 ・構造化 ・計画労働 *〈生活実践〉との統一
学習過程	不安や悩みの共有による仲間意識	1つの目的に共に取り組む仲間意識			〈A〉 〈A′〉
	*相互に依存する関係から個の自立による関係へ→本音で話せる関係としての仲間意識				「A」
		地域づくりに対する限定された協同的意識			「B」
				市民としての協同的意識	「C」
		*リーダー層			公共的意識　「D」

出典：内田（2011）p. 48 の表 3-1-1 を若干修正.

くり」だけでなく，青年期を卒業したOB・OGによる支援とネットワーク化，そしてリーダーの養成が不可欠だとIAさんは考えた．そこではまず，第1期に創られた文化活動やスポーツ等の集団（サークル）に新たな青年たちが参加し，「〈A′〉1つの目的に共に取り組む仲間意識」が形成された．さらに「お茶会」等に参加することで「〈A〉不安や悩みの共有による仲間意識」が形成され，〈A′〉→〈A〉を通じて本音で話し合える関係としての「A（仲間意識）」が形成された．そして，リーダーとなっていったメンバーは，道外研修などから「住みよい地域づくり」を自覚し，それが共有化されたのである．したがって，それらのリーダーたちには「B（地域づくりに対する限定された協同的意識）」が形成され，山車行列の開催で地域づくりを行っていこうと考えたのである．

第3期（1984年～1988年）は，「イベント型文化創造型地域社会教育実践の段階」である．ここでは，山車行列はもちろん，「おはやしの創造」やふるさとシンフォニー等，「青年」たちから地域住民諸階層へ向けたイベントや文化創造の地域づくり標榜する活動が行われていった．もちろんそれは，「青年」たちやそれに賛同した集団には，他の住民ともいっしょに地域づくりに取り組もうという意識を形成させた．つまり，イベント型文化創造型地域社会教育実践に取り組むことが，「B（地域づくりに対する限定された協同的意識）」を形成させたのである．しかし，イベントや文化創造の地域づくり実践は全ての住民諸階層と合意したものではなかった．また，道外研修から学んだ青年問題研究集会（青研集会）を八雲でも開催するようになり，その中から地域学習，そして地域課題学習に取り組んでいった．やがてリーダーたちは，それらを通じて対立や矛盾に気づき，「B」の意識の限界を理解し，対立や矛盾を克服して，地域づくりに対する合意形成を進めていこうと考えるようになった．それが「C（地域づくりに対する市民としての協同的意識）」の形成であり，リーダーたちは山車行列を地域住民の協同活動として，八雲山車行列実行委員会としてスタートさせようとしたのである．

第4期（1989年～1991年）は，「協同型地域社会教育実践の段階」である．

ここでは，協同活動として八雲山車行列実行委員会はもちろん，これまで「青年」たちが担ってきたイベントや文化創造の活動のみならず，新たに始まったさまざまな地域づくり実践を，全ての住民諸階層に開かれた協同活動として進めていくとともに，「青年」たちがその中核を担い，それぞれの協同活動を支えていった．したがって，「B」の意識の限界を理解して，これらの協同活動に参加し，地域課題学習に取り組んだ人々は，「C（地域づくりに対する市民としての協同的意識)」を形成していった．

このような中，「第三期八雲町総合計画」において「“遊”リゾート計画」が掲げられた．結成された「八雲の自然と子どもを守る合同会議（守る会)」は，住民諸階層による協同活動であり，ここに参加したリーダーたちは協同活動だけでは解決できない対抗関係を自覚し，対抗の拠り所（地方自治の拠点）としての八雲町という自治体の存在を自覚した．そして，「地域づくりの主体」は自分たち「市民」であるという意識＝「D（地域づくりに対する公共的意識)」を形成したのである．

第5期（1992年～1995年現在）は，「地域生涯学習計画の実践的創造の段階」である．ここでは，「守る会」の活動は，やがて住民自身が「町づくり計画」を創っていくことをめざして取り組まれるようになった．したがって，ここに参加し「リゾート問題」を地域課題学習として取り組んだ人々は，「D（地域づくりに対する公共的意識)」を形成していった．

しかし，結果として町長選挙で「守る会」メンバーの多くが支持していた候補が新町長となったため，「これでリゾート計画もなくなり，自分たちが提案してきた民主的な住民参加のまちづくりが今後展開していくであろう」と考える人が多く，「しつつある意識」である「D」を踏まえ，「E（地域づくりの主体としての公共的意識)」＝「実行ある意識」または「行動する意識」の形成には至らなかった．

(3) 八雲町の地域社会教育実践の「到達点」

このように，5期および5つの段階に区分した八雲町での地域社会教育実践は，当初は青年団や中央青年学級に集まった青年たちが担い手の中心だった．しかし，青年（一般的には16才から30才くらいまでの独身男女）だけの活動では，「仲間づくり」はできたが，地域づくりを展望する活動に発展していくことは難しかった．したがって，社会教育主事のIAさんが第2期に行ったのは，青年活動を卒業しようとしていた青年OBたちにリーダーとしての活動の場をつくることであり，現役の青年の中からもリーダーを育成していくことだった．そして，そのリーダーたちの中から，第2期の後半に「地域づくり」への自覚が生まれ，その実践として山車行列が催されたのである．

したがって，第3期以降の地域社会教育実践を先導したのは，すでに青年期を過ぎた30代40代になった第1期，第2期からのリーダーたちである．彼らは，青年であった第1期，第2期に，わたぼこ会やお茶会等のたまり場で寝食を共にする濃厚な仲間づくりを経験し，仲間としての信頼関係を築いてきた．それによって，大人になって階層や社会的地位が異なっても，社会一般の常識や利害関係に縛られない特性を維持し，利害対立や葛藤が生じてもそれを乗り越えていけるのである．

そのような存在を筆者は「青年」と呼び，八雲の地域を創る主体と位置づけた．そして，現在に至る近年の八雲町の地域づくりにおいても，「青年」が地域を創る主体として活躍しているのである．

では，なぜ八雲町の地域社会教育実践はこのように展開し，地域を創る主体として「青年」が形成されたのだろうか．

それは，社会教育主事であったIAさんの意図的な働きかけによって，実践が展開していったことに理由がある．IAさんは，1973年4月から社会教育主事として八雲町教育委員会社会教育課に勤務（八雲町公民館内），その後，社会教育係長，社会教育課長補佐を経て社会教育課長兼公民館長として，一貫して八雲町の社会教育実践を支え，2011年3月に定年退職している．八雲町では，2020年4月現在は，1996年4月に社会教育主事として採用されたSさんが社会教育課長兼公民館長に，2016年4月に採用されたKさんが社会教育主事として勤務している.

4. リーダー層の地域づくりの主体形成

次にリーダー層個々の地域づくりの主体形成過程を理解するため，第１期から第５期までの地域社会教育実践に関わり，「D（地域づくりに対する公共的意識）」を形成したリーダーたちを第１グループ，同様に第２期から第５期までのリーダーたちを第２グループ，第３期から第５期までのリーダーたちを第３グループ，第４期から第５期までのリーダーたちを第４グループとして，それぞれ１人をグループの代表として学習過程を分析した.

以下，概要を紹介する.

(1) リーダー層の学習過程（意識変革）

1) 第１グループリーダー IB さん

IB さんは，第１期に青年活動に参加して〈A〉→〈A′〉=「A」の意識となり，第２期の地域青年活動のネットワーク化に取り組んだ. 第２期にはリーダー研修や道外研修等から学んで「B」の意識となり，第３期に山車行列等の地域づくり活動を推進した. 第３期には，活動での対立や矛盾に気づき「C」の意識となり，第４期の協同活動をリードしたが，「D」の形成は，家庭の事情もあり第５期に入ってからだった.

2) 第２グループリーダー IC さん

IC さんは，第２期に青年活動（サークル）に参加して〈A′〉→〈A〉=「A」の意識となり，第３期の初めにはリーダー研修や道外研修等から学び「B」の意識を形成し，第３期に山車行列等の地域づくり活動を推進した. そして，活動での対立や矛盾に気づき「C」の意識となり，第４期をリードした. 第４期には，「守る会」の中心メンバーとして「D」の意識となり，第５期を創り出していった.

3) 第3グループリーダーIDさん

IDさんは，第3期に山車行列に参加することで「B」の意識となり，その上で山車行列のメンバーたちと「A」(〈A′〉→〈A〉) の意識を形成した．第4期には，協同活動を通じて「C」の意識となり，第4期をリードした．そして「守る会」の中心メンバーとして「D」の意識となり，第5期を創り出していった．

4) 第4グループリーダーIEさん

IEさんは，第4期に地域づくりとは自覚のないまま地域社会教育実践に参加し，メンバーとの間に〈A′〉の意識を形成し，その後「B」の意識となった．その中で，やがて〈A〉の意識も形成して「A」の意識となった．さらに協同活動を通じて，「C」の意識となった．第5期には，「守る会」の中心メンバーとして「D」の意識となり，第5期を創り出していった．

(2) 学習過程（意識変革）における相違点と共通点

以上4人のリーダー層の学習過程を比較すると，相違点と共通点が見えてくる．

まず相違点は，地域社会教育実践に関わった時期の違いによる違いである．例えば，「A（仲間意識）」の形成過程では，第1グループIBさんが〈A〉→〈A′〉=「A」であったのに対して，第2グループICさんは〈A′〉→〈A〉=「A」であった．この違いは，第1グループは第1期の青年活動が中央青年学級からスタートし，「わたぼこ会」による「仲間づくり」を中心に，その後サークル活動が生まれていったのに対して，第2期から青年活動に参加した第2グループはこのサークル活動からの参加が多く，その後「仲間づくり」が行われたからだといえる．また，すでに山車行列等の地域づくり実践が始まった第3期から参加した第3グループは，「地域づくり」を自覚して活動に参加していることから，すぐに「B」の意識となるが，その後「地域づくり」を一緒に行うメンバーたちと「A」(〈A′〉→〈A〉) の意識となった上で，「C」

の意識が形成されていった．それは第4期から参加した第4グループも同じだが，地域づくりとは自覚のないまま参加したIEさんは，当初は地域づくり活動に参加していても，すぐには「B」の意識にはならなかった．それは，たとえ同じ活動に関わっても，それぞれの抱える生活課題の違いによって，地域づくりとは自覚しないこともあるということである．

次に共通点では，「A（仲間意識）」の重要性が挙げられる．上記のように「B」の意識の形成までは参加時期の違いによる相違点が見られたが，「C」「D」と意識変革していく上では，この「A」（仲間意識）を必ず獲得しているということである．

また，第2期から参加した第2グループは，そこでの活動を通じて「A」（〈A′〉→〈A〉）の意識となるが，すでに第1期には第1グループが「A」（〈A〉→〈A′〉）の意識となっており，第1グループがリードして第2期の地域社会教育実践を創ったのである．そして，第3期から参加した第3グループは，そこでの活動を通じて「B」の意識となるが，すでに第2期には第1グループ・第2グループが「B」の意識を形成しており，第1グループ・第2グループがリードして第3期の地域社会教育実践を創ったのである．第4期，第5期も同じである．リーダーたちは，前の期に「一歩前」の意識変革を遂げ，次の期の地域社会教育実践を創っていく，つまり，自分たちが意識変革してきた学習実践・地域づくり実践を次の期に行い，働きかけていったのである．

(3) 明らかになった「法則性」

次に，以上の学習過程分析を踏まえて，明らかになった「法則性」について整理したい．

まず「B」→「C」は，それぞれの具体的に関わった活動は違っていても，地域づくり実践を通じて「住民諸階層の対立・矛盾」の現実を認識し，そこでの合意形成を進めていくための協同活動が求められ，それまで個別に認識されていた生活課題・地域課題が，相互に関連した構造的な地域課題であることに気づいていくプロセスがあった．さらに，そこでの学習実践（「地域学習」→「地域課題学習」へ）と地域づくり実践は，統一的に関連づけられて組織されていた．また，そこでは非公式な部分（打ち上げや交流会等）も含めて，「本音で話し合える仲間づくり」による「A」の意識の形成が進められていた．

次に「C」→「D」は，「第三期八雲町総合計画」とその中のリゾート計画が直接的なきっかけであった．しかし，それまでの学習実践・地域づくり実践を通して，「町を創っている（創っていく）のは自分たち住民である」という自覚が，「C」の意識を形成したリーダー層に生まれていた．自らの生活実践と統一的に地域づくりをとらえていたことが，リゾート計画等とつながったのである．さらに，ここでも非公式な部分（打ち上げや交流会等）も含めて，「本音で話し合える仲間づくり」による「A」の意識の形成が進められているのである．

なお，ここで分析した八雲町の地域社会教育実践は，あくまでも 1995 年段階のもので，リゾート慎重派町長の当選（1995 年 4 月）でリゾート計画が頓挫したことにより，「リゾート反対」から始まった「守る会」の活動も，その後は停滞していった．また，「リゾート推進」町長の下の役場職員との「協働」は発展していかなかった．

今日の課題

・八雲山車行列がどのように始まり現在まで行われてきたのか，説明してください．

・青年と「青年」の違いを説明してください．

・「B」の意識と「C」の意識の違いを具体的に説明してください．

・リーダーの「一歩前」の意識変革とは，どういうことだったか説明してください．

参考文献

内田和浩『「自治体社会教育」の創造［増補改訂版］』（北樹出版，2011）
内田和浩『参加による自治と創造：新・地域社会論』（日本経済評論社，2019）
八雲町ホームページ　https://www.town.yakumo.lg.jp/
デジタル八雲町史　https://www.town.yakumo.lg.jp/soshiki/seisaku/content0314.html
「統計八雲」　https://www.town.yakumo.lg.jp/soshiki/seisaku/toukeiyakumo-r2.html
八雲山車行列　http://www.yakumo-dashi.com
第２期八雲町総合計画　https://www.town.yakumo.lg.jp/life/3/26/108/

第3章
協働のまちづくりが深化
―白老町の「元気まち運動」―

1. 白老町の歴史と概要

(1) 白老町の位置

白老町(しらおい)は北海道胆振(いぶり)総合振興局管内中部に位置し，東は苫小牧市，西は登別市，北は伊達市（大滝）・千歳市と接している．海岸沿いに国道36号線，JR室蘭線，道央自動車道が走り，市街地も海岸沿いに形成されている．西から虎杖浜，竹浦，北吉原，萩野，石山，白老，社台，および白老の北方に森野の主に8地区がある．

人口は，16,310人（男7,749人 女8,561人）世帯数9,380世帯となっている．(2021年2月末現在)

(2) 白老町の歴史

白老町は，北海道内の多くの市町村が明治維新以降の「開拓の歴史」をもつのに対して，少し違った歴史を刻んできた．それは，すでに江戸末期の1856年に，仙台藩が白老に仙台陣屋を設置し塩釜神社を建立しており，この年を「白老開基の年」としていることである．もちろん当時は，先住民族であるアイヌの人々が白老に多く暮らしていた．江戸時代の18世紀末にロシアの南下政策によって，当時の蝦夷地にはロシア船の来訪が相次ぎ，その脅威からの北方警備のため，江戸幕府は1807年に全蝦夷地を直轄地とした．1821年には，松前藩に支配権を返還するが，1854年に日露和親条約が結ばれると，幕府は再び蝦夷地を直轄化し，松前藩と東北諸藩に分轄警備させることになった．その1つが，白老の仙台藩の陣屋設置であった．

明治維新後は一時，現岩手県の一関藩の分領となり，藩士による開拓もされたが，その後白老への集団入植はなく，あまり多くの入地は行われなかった．

したがって，白老には引き続きアイヌの人々が中心に居住していた．明治中期には，アイヌの人々70戸余りが現在の白老町市街地に移住させられ，白老コタンと呼ばれるようになっていた．

20世紀に入り，敷生に鉄鉱山が開発され人口が増え，1920年には約4千人の白老村となった．その頃の白老のアイヌの人々の人口は800人から1,000人だったという．

このころの白老は，農業で軽種馬や肉牛の生産が始まっていた．漁業はイワシとサケからスケトウダラ等へ変わっていった．

戦後は，開拓による入植もあり，人口も1万人を超えて1954年に白老町となった．しかし，白老町が大きく発展するのは，1959年に大昭和製紙白老工場が進出したことによる．1970年には，旭化成北海道工場も白老に進出し，以後人口が急増していき，1984年に最高人口24,500人を記録した．

このように，白老町は北海道では珍しい古典的企業城下町である．

近年では，隣の苫小牧市のベッドタウンとしても発展しており，町内には温泉付き分譲住宅などができ，中流以上の住民が多く暮らしている．一方，アイヌ系の住民や生活保護受給者も多い．町域が東西に細長く約30キロにわたっており，生活圏域もおよそ5地区に分かれ，住民の階層も異なっている．

そのため，「元気まち運動」が始まる前の白老町は，お互いの交流はあまりなく，目立った住民間の対立もないが，行政としては同じ施設を各地区につくらなくてはならないという不合理性もあった．また，転勤族が多いことから人口の移動も多く，地域住民には「白老町民」という共通認識は低いといわれていた．

この町で「北海道にある元気まち」をキャッチフレーズに,「元気まち運動」(当初は, CI運動) に取り組み始めたのは, 1988年からであった.

(3) 「平成の大合併」と白老町

白老町は, 一度も合併せず続いてきた自治体であるが,「平成の大合併」が進められた際は, 2003年に東胆振1市6町 (苫小牧市, 白老町, 早来町, 追分町, 厚真町, 鵡川町, 穂別町) による「東胆振広域行政研究協議会」を設立して, 合併問題を検討していた. 結局合併には至らなかったが, そこに参加していた鵡川町と穂別町が新設合併して, むかわ町が2005年に創設された. また, 早来町と追分町が新設合併して, 安平町が2006年に創設されている.

一方, 当時の白老町は「第2の夕張」ともいえるほど危機的な財政状況になっていた. 町では, 町民と行政が1つになってこの厳しい状況を打開していく取り組み (職員給与のカットも含む) も行っている.

(4) 地域社会の構造

白老町の地域社会の構造について概観すると, 農業では, 肉用牛 (白老牛), 鶏卵, そして軽種馬が主な生産物としてあげられ, 稲作や畑作などはほとんどない. 農家総数・農業就業者数とも近年は減少している一方, 法人化した経営体が増加している.

水産漁業では, 全国的なブランド商品となった「虎杖浜(こじょうはま)のたらこ」の生産が有名で, スケトウダラ, 毛ガニ, ホッキなど多種多様な水産物が水揚げされている. 魚種別生産高は増加しており, 特にスケトウダラの生産高が増えている.

観光業では, 虎杖浜温泉やホロトコタン等の観光地があり, 2020年にはポロト湖畔にウポポイ (民族共生象徴空間) が誕生した. ウポポイとは, 先住民族であるアイヌの文化復興等に関するナショナルセンターで, 国立アイヌ民族博物館・国立民族共生公園・慰霊施設が整備されている.

商業では，商店数・従業員数・年間販売額ともに微減している．

古典的企業城下町であった白老町も，2010 年 3 月には旭化成の工場が閉鎖され，大昭和製紙白老工場も，2003 年に日本製紙と合併して日本製紙白老工場となった．2010 年からは旭川工場，勇払工場と統合し日本製紙北海道工場白老事業所となり，合理化が図られている．

その他，人口減少により小中学校の統廃合も進んでいる．森野地区にあった小中学校はすでに 2003 年に閉校になっていたが，小学校では，その後 6 校あったのが 2016 年度には 4 校になっている．中学校は，4 校あったのが 2013 年度には 2 校に統廃合されている．

なお，白老町地域社会の構造を理解するためには，「白老町統計書」を読み解いてほしい．

2.「元気まち運動」と協働のまちづくり

筆者は，白老町における地域社会教育実践を分析する際，その中心として「職員と住民の協働のまちづくり」を目指して取り組まれた政策である「元気まち運動」を取り上げてきた．ここでは，内田（2011）で取り上げた「元気まち運動」（1999 年まで）と 2000 年以降の協働のまちづくりの推移を概観し，その中身が深化してきたことを整理していく．

(1) 白老町における「元気まち運動」とは

表 3-1 は，「元気まち運動」の推移である．まずは，この表を見ながら「元気まち運動」とは何であったかを概観したい．

前述したように，「CI 運動」として「元気まち運動」がスタートしたのは，1988 年からであった．

前年 4 月，現職を破る町長選挙で初当選した見野全（あきら）町長は，1988 年 3 月に「CI 推進」を提案した．当時は，魅力あるまちづくりを進めるため大手広告代理店が主導して，全国的に自治体の CI＝コミュニティ・アイデンテ

表 3-1　元気まち運動の推移

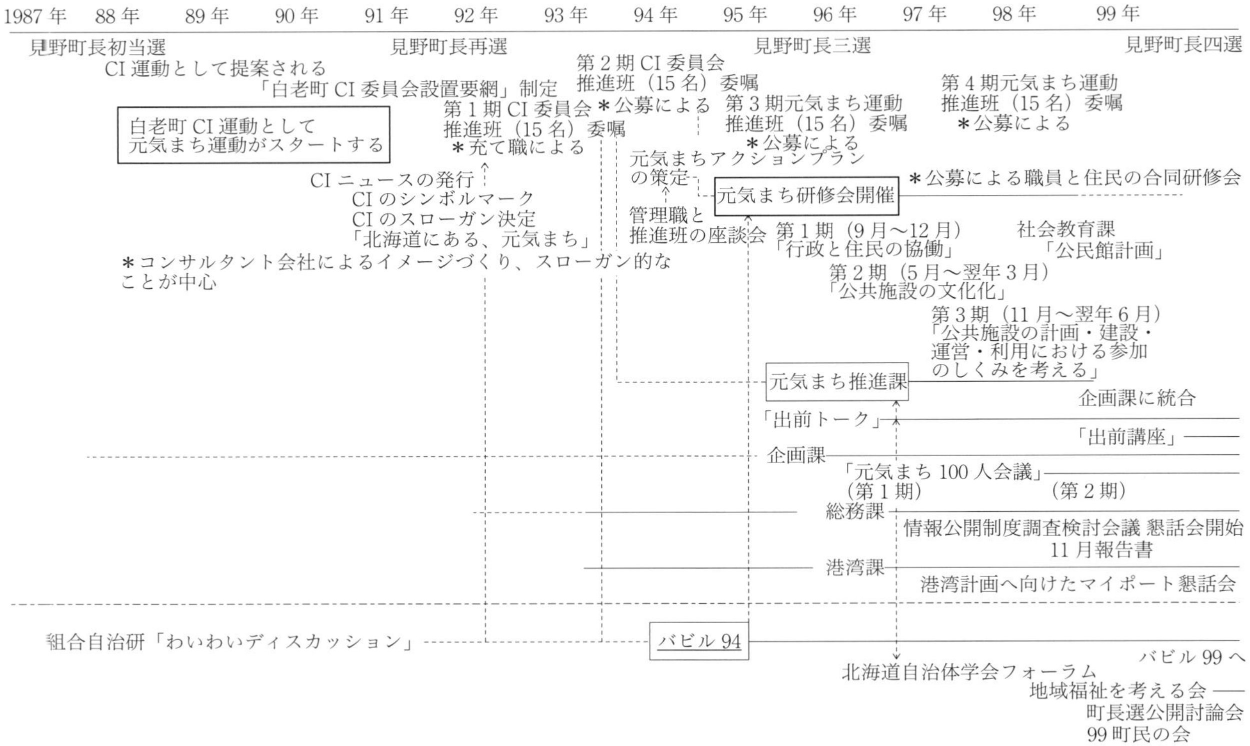

1987 年　88 年　89 年　90 年　91 年　92 年　93 年　94 年　95 年　96 年　97 年　98 年　99 年

見野町長初当選
CI 運動として提案される
「白老町 CI 委員会設置要綱」制定

白老町 CI 運動として
元気まち運動がスタートする

見野町長再選
第 1 期 CI 委員会
推進班（15 名）委嘱
＊充て職による

CI ニュースの発行
CI のシンボルマーク
CI のスローガン決定
「北海道にある、元気まち」
＊コンサルタント会社によるイメージづくり、スローガン的なことが中心

第 2 期 CI 委員会
推進班（15 名）委嘱
＊公募による

見野町長三選
第 3 期元気まち運動
推進班（15 名）委嘱
＊公募による

元気まちアクションプラン
の策定

管理職と
推進班の座談会

元気まち研修会開催
＊公募による職員と住民の合同研修会

第 1 期（9 月～12 月）
「行政と住民の協働」
第 2 期（5 月～翌年 3 月）
「公共施設の文化化」
第 3 期（11 月～翌年 6 月）
「公共施設の計画・建設・
運営・利用における参加
のしくみを考える」

社会教育課
「公民館計画」

見野町長四選
第 4 期元気まち運動
推進班（15 名）委嘱
＊公募による

元気まち推進課
企画課に統合

「出前トーク」
「出前講座」

企画課
「元気まち 100 人会議」（第 1 期）（第 2 期）

総務課
情報公開制度調査検討会議 懇話会開始
11 月報告書

港湾課
港湾計画へ向けたマイポート懇話会

組合自治研「わいわいディスカッション」
バビル 94
バビル 99 へ
北海道自治体学会フォーラム
地域福祉を考える会
町長選公開討論会
99 町民の会

出典：内田（2011）p. 91 を若干修正.

ィティが推進されていた．白老町でも，白老らしさを創造し，その存在とイメージを広くアピールすることを目的に，「CI 運動」をスタートさせたのである．

見野町長は，もともと大昭和製紙白老工場の総務課長をしていた民間人であり，白老青年会議所（JC）を創設したり，ポロト湖でのコタンコンサート等のイベントを開催したりするなど，若手経済界の代表格の人であった．

当時の白老町は，人口が最も多い時期（1984 年が最高）であり，多くの新住民が白老町に転入してきた時期であった．民間人として白老町のまちづくりに関わってきた見野町長にとって，白老町は地域が分断されていて地域エゴが強く，何かするにも 1 つにまとまることが難しいなどの課題を感じており，まずは白老町民としての共通の課題や意識をもってほしいと考えての取り組みだった．そして，当面の具体的な活動として，役場職員の意識変革がめざされていった．

当初の「CI 運動」は，シンボルマークやスローガンの作成など，イメージづくりが先行した運動であった．また，役場内に町長を委員長とした「CI 委員会」が設置され，幹部職員に対する「CI 研修会」，一般職員に対する「CI 研修会」，そして「CI 推進課長会議」「CI 調査班会議」等が開かれた．

1991 年に見野町長が無投票で再選すると，役場職員の中に充（あ）て職で横断的に「CI 委員会推進班」（2 年任期）が組織され，先進地視察を含む独自の CI 推進へ向けた研修が行われるようになっていった．

このように当初の「CI 運動」は，町民の生活や役場職員の実態を踏まえ，民間感覚の町長によってそれまでの仕事のあり方や白老町に対する意識を捉え返し，新しい白老町のまちづくりを進めていきたいという精神的な政策に留まっていたといえる．

その「CI 運動」が「職員と住民の協働まちづくり」をめざす「元気まち運動」へと変わっていくのは，1993 年に公募による第 2 期の「CI 委員会推進班」が組織されてからであった．

公募によって委嘱された第 2 期「CI 委員会推進班」15 名は，「CI 運動」

の具体化へ向けた学習・調査・研究活動を進め，1994年1月に「元気まちアクションプラン」を策定した．そこでは，新たに「CI運動」の目標を「元気まちづくり」とし，「庁内」「各地区」「都市づくり」「人づくり」「文化面」「情報発信面」の6つの「元気まち行動計画」を掲げ，「元気まち運動」と名称を白老独自のものに変えていった．そして，「CI委員会推進班」がまず具体的に取り組んだのが，「庁内」へ向けての働きかけであった．94年には，「あいさつ運動」キャンペーンや各課での「元気まち運動」の取り組みとその発表会，「CI職員研修」，職員アンケート調査等が行われている．

そして，その「CI委員会推進班」の中核を担っていた若手職員を中心に，1994年9月には自主研究グループ「白老町職員政策研究会（バビル94)」が組織され，月1回の例会による学習会を開催していった．

これらの動きをベースに，1995年には，まず職員研修として「元気まち研修会」が始まる．6月には，「元気まち運動で協働によるまちづくりを」をテーマとする地域住民と職員の合同研修会が開かれた．8月には，「元気まち運動」をより具体的に積極的に進めていくために「元気まち推進課」が設置され，「元気まち運動」を「住民と行政の協働によるまちづくり運動」へと発展させていく取り組みへと展開させていった．

1995年以降の具体的な取り組みは，「元気まち推進課」が主管して行うようになった，町民と行政の合同による3期にわたる「元気まち研修会」が中心である．さらに，住民団体の申請に応じて，町長も含め役場の担当課が出向いて施策等を説明する「出前トーク」も始められた．1999年には，新たに「出前講座」もスタートし，役場内のすべての課が「このような情報を持っています．学びませんか」というように主なメニューを提示し，出向いて説明するという形に発展させている．また，1996年4月からは，町総合計画策定へ向けた「元気まち100人会議」が，町会連合会を事務局として発足し，1997年12月に提言・報告書を出している．そして，1998年7月には，新たに第2次「元気まち100人会議」がスタートした．

さらに，「元気まち研修会」におけるこのような手法は，1997年に役場内でスタートした具体的な政策へ向けての２つのプロジェクト（「情報公開制度策定」「港湾計画」）にも継承されていった.

このような白老町における取り組みは，自治体の具体的な政策について，「政策形成過程」における「政策研究」さらに「政策立案」を，「職員と住民との協働の学びあい」（「元気まち研修会」「情報公開検討会議」「マイポート懇話会」等）を通じて，作り上げていこうという試みと位置づけることができる．そして，それは「元気まち運動」の展開の中で，単に「政策形成過程」に留まらない「政策決定」「政策執行」「政策評価」を含む，「政策過程」のすべての「協働のシステム化」（「ルール化」「制度化」も含むが，もっと緩やかなものも含んだ「しくみ」）を求めていくようになったのである.

1993年〜1999年までの「元気まち運動」の展開は，以下の７つの発展段階に整理することができる.

1）職員参加（公募）によるプロジェクトチームでの学びあいと政策形成（①）

これは，第２期「CI委員会推進班」を広く職員全体から公募して，その中から委嘱されることになったものである．これは，担当課のみの企画・立案やトップダウン等，これまでの白老町における政策形成過程に比べ，職員が対等な関係で集まり，ある程度の権限や自由さが保障される中で，行政横断的な議論や調査・研究活動が行われた画期的な取り組みだったいえる.

さらに，このような「職員参加（公募）によるプロジェクトチームでの学びあいと政策形成（①)」の手法は，後の「職員と住民との協働の学びあいによる政策提言（③)」の前提条件としても取り組まれることになる．たとえば，総務課が事務局として1997年に庁内プロジェクトとして設置した「情報公開制度調査検討会議」では，「情報公開」に対する見識を持つ職員が「公募」でも委嘱されている.

2）職員と住民（公募による）との協働の学びあい（②）

1995年の「元気まち研修会」は，「市民と行政の協働によるまちづくりのカタチ」をテーマに，まずは職員研修として進められたが，6月には初めて地域住民と職員の合同研修会が開かれ，町民33名，職員58名が参加した．さらに，8月には「元気まち推進課」が設置され，9月には公募による住民と職員による「先進地視察」が行われた．関東周辺や静岡県等を町民8人，職員8人が4班に分かれて視察した．事前・事後研修が10回程度開かれ，お互いに役割を分担しながら検討された．12月には自由参加の全体集会が開かれ，「町民からみたまちづくり」をテーマに，先進地視察視察へ行った町民の報告とそれらを事例にした6つの分科会による討論が行われた．ここでは，報告をもとに一般参加の町民と職員とがともに「まちづくり」について討論していった．

これは，住民参加の1つの試みとして，「元気まち研修会」が取り組まれたということであった．

また，この間自主研究グループ「白老町職員政策研究会（バビル94)」が結成され，発足当初から何人かの住民も例会に参加し，協働の学びあいに取り組んでいた．

こうして，第1期「元気まち研修会」での「職員と住民（公募による）との協働の学びあい②」は，まさに住民と職員（行政）との「協働」のあり方を問い，確認しあう場となっていったのである．

3）職員と住民との協働の学びあいによる政策提言（③）

1996年は，4月に第2期「元気まち研修会」の先進地視察参加者が公募された．ここでは，「公共施設の文化化」をテーマに，5月に「文化のまちづくり——公共施設」として，講演会と「コミュニティ施設」「生活環境施設」「教育文化施設」「社会福祉施設」の分科会に分かれてグループ討議され，町民60人，職員45人が参加している．9月には関東周辺の先進地への視察が町民13人，職員4人の参加で4班に分かれて行われ，「集会施設の市民運営」「公園ワークショップ」「文化ホールとまちづくり」「地域に開かれた福祉施設」など，20回程度の事前事後研修，議論・検討がされた．11月には全体集会「みんなの公共施設を考える」で，視察報告と提言があり，それらをもとに4つの分科会で討論された．ここには，町民64人・職員44人が参加している．この討論を踏まえて，提言書の策定へ向けて検討会が10回程度開かれ，1997年2月に町長への提言書が提出された．さらに，この提言書を具体的な政策に生かしていくため，3月に担当課（企画課・都市計画課・生涯学習課・町民生活課・健康福祉課・建築課）との懇談会が開かれている．

しかし，「元気まち研修会」は政策過程における政策形成過程の「訓練」「擬似」的試みであり，現実の政策形成過程ではない．したがって，ここでは，これらの提言が具体的な政策過程に反映されていく「しくみ」の必要性が確認されていった．

その後，参加した住民と元気まち推進課・推進班との間で，この「しくみ」についての検討が進められた．特に，公共施設への住民参加の「しくみ」として「公共施設の文化化指針」の策定がめざされたが，第2期「元気まち研修会」としての合意は得られなかった．

1997年の第3期「元気まち研修会」は，かなり遅れて11月に先進地視察者が公募され，テーマは「公共施設における計画・建設・運営・利用における参加のしくみを考える」とした．11月に第1回の全体研修会が開催され，「分権時代の公共施設のあり方」をテーマに，講演と前年度研修者の報告発表がされた．そして，「既存施設」「教育施設」「福祉施設」「環境施設」の4つの部会が設定されることになった．各部会では，12月より部会ごとの学習検討会が「出前トーク」等を利用して進められ，3月にはそれぞれが先進地を視察した．さらに学習検討会が進められ，この間10数回ずつの部会開催によって提言書の作成が行われていった．1998年6月には，「公共施設への住民参加の仕組みを考える」をテーマに全体研修会が開かれ，町民85人，職員45人が参加して，各部会より研修報告と提言があった．この間，「公共施設の文化化指針」のみならず，他の分野でも活用が期待される「町民・職員参加の仕組み（要綱）」についても部会ごとに議論されたが，役場内での合意ができず，具体的な提言には至らなかった．

また，1998年7月にスタートした第2次「元気まち100人会議」は，住民の側から自治体行政の実態を理解し，住民がなすべきこと，行政がなすべきことを考え，活動・行動する住民有志の組織となった．ここでは，産業部会・環境部会，福祉部会，文化部会がつくられ，必要に応じて役場職員の参加を求めつつ，具体的な政策を提言した．

4）具体的な政策形成過程としての職員と住民の協働による学びあい（④）

3期にわたる「元気まち研修会」は，政策形成過程の訓練・擬似的試みであった．その手法を具体的な政策形成過程に取り入れて進められたのが，港湾課が事務局となった港湾計画（白老港を新設する計画）へ向けた「マイポート懇話会」や，前述の総務課による庁内職員プロジェクト「情報公開制度調査検討会議」の報告書を踏まえた「情報公開制度懇話会」の取り組みである．

まず「マイポート懇話会」は，政策形成過程での「職員と住民の協働による学びあい（④）」という視点で取り組まれた．ここでは，一般公募も含めた12名の町民と港湾課職員によって月1回の会が開かれ，司会は町民が行うなど活発な議論が進められた．町民の中には，漁民や港湾関係者以外に一般の住民も参加しており，地域にとっての港湾という視点でも意見が出された．懇話会は，1999年3月に報告書を作成し，北海道開発局に提出した．その後「港湾計画策定委員会」には，「懇話会」の座長も委員として参加し，白老町としての意向を政策決定に影響させていった．

「情報公開制度懇話会」は，1998年11月に出された「情報公開制度調査検討会議」の報告書をもとに，情報公開の制度化をめざし，その制度のあり方を提言するために1999年2月に発足した，学識経験者と公募の町民による懇話会である．ここには，「情報公開制度調査検討会議」の各正副部会長である職員も参加しており，情報公開の制度化という政策形成過程での，「職員と住民の協働による学びあい（④）」という視点で取り組まれている．同年7月には，情報公開条例へ向けた具体的な提言が町長に提出され，それに基づく情報公開条例の制定やその他の制度化等が，1999年度中に行われた．

5) 過程としての情報も含む，すべての職員・住民との情報共有（⑤）

このことは，これまで取り組まれてきた「元気まち研修会」「情報公開制度調査検討会議」「情報公開懇話会」等にすべて共通する．ここまでの取り組みは，公募とはいえ，これらに参加するのはほんの一部の職員・住民にすぎない．職員参加・住民参加とは，「参加できること」（可能性や形式的制度）をいうのではなく，「参加すること」（すべての人に実質的な参加を保障すること）に他ならない．そのためには，結果としての提言書・報告書のみならず，公募によって参加できた人々の学びあいのプロセスとしての政策形成過程の全容を，すべての職員・住民が知る必要がある．さらにそのプロセスにおいて，意見があれば反映できるしくみも必要なのである．

これについては，「元気まち研修会」において，自由参加の全体研修会や元気まちニュース，そして積極的な新聞への情報提供によって行われてきた．それをさらに進めたのが，「情報公開制度調査検討会議」であり，その会議はすべて公開され，中間報告書を全町民へ提示して意見を求めたのである．さらに，本報告書の提示，ホームページでの公開等が行われた．そして，「情報公開懇話会」もすべて公開の会議とされた．

ここには，不十分とはいえ，「住民と職員による協働による政策形成」へ向けた条件としての情報共有が，自覚的に取り組まれていると見ることができる．

6) 個別の政策過程としてルール化していくための役場内の合意形成（⑥）

このことは，すでに96年の第2期「元気まち研修会」から提起され，97年の第3期「元気まち研修会」で検討されてきた．しかし，公共施設における計画・建設・運営・利用における参加に関する要綱・指針等の制度化は役場内の合意を得ることができず，具体的に進めることはできなかった．

この間，元気まち推進課では，課長会議等で「元気まち研修会」での手法を，各課の政策過程に取り入れてほしい等と働きかけてきており，その成果が「マイポート懇話会」や「情報公開制度調査検討会議」「情報公開懇話会」であった．

しかし，1998年8月には，役場の行政改革のための機構改革が行われ，元気まち推進課はわずか3年で改組された．企画課に元気まち推進担当主幹と元気まち推進係が引きつがれ，「元気まち研修会」や「元気まち推進班」も98年度で終了した．だが，ここには元気まち推進課がやってきた「元気まち研修会」の手法（職員と住民との協働による政策過程〔①②③④⑤〕）を，1つの課の仕事としてではなく，役場のすべてのセクションでの政策過程における手法として広げていくという積極的な面もあり，企画課に元気まち推進担当がおかれた意味も，その総合調整機能を高めていくという視点もあった．

1999年4月からは，それまで行ってきた「出前トーク」から，さらに積極的に役場の各課が地域へ出て地域住民とつながる「出前講座」を実施していった．「出前講座」は，21の担当部局から30のまちづくりの課題を住民に提示し，要望に応じて課長等の管理職が地域に出向き説明し，住民と直接話し合うというものである．これらを通じて，さらに「元気まち研修会」の手法を，各課の政策過程に取り入れてほしいと働きかけたのだった．

1999年4月の町長選挙で三選を果たした見野町長は，その後の議会での町政執行方針の中で「協働のまちづくりのルール化」を語っており，役場内における個別の政策過程として，ルール化への合意形成が期待された．

7）「職員と住民の協働」から「市民」の「協同」「協働」へ（⑦）

最後に，白老町の1999年段階で始まりつつあることとして，筆者は「市民」の「協同活動」，そして「市民」の「協働」への可能性を提起した．

ここでは，「市民」同士の「協同活動」と，役場から発信した「職員と住民との協働による政策過程のシステム化」が平行して進められているといえる．それは住民の側から見ると「『市民』の『協同』による地域づくり」を進めることであり，さらに「元気まち運動」が，そのような「市民」の「協同」と結びついていくならば，役場（職員）の側からは「職員と住民との協働による政策過程のシステム化」から「『市民』の『協働』による地域づくりのシステム化」を求めていくようになるという考え方である．

(2) 白老町における協働のまちづくりのその後の推移

ここでは，2000年以降の白老町における協働のまちづくりの推移を概観していく．

2003年4月には，「町民まちづくり活動センター」が発足している．その発足当初のホームページには，「白老町は北海道にある『元気まち』として知られ，『町民と共に歩むまちづくり』を目指し『協働のまちづくり』を進めています．この町に住む私たちも様々な活動を通して，住みよい豊かな町を目指して活動しています．町民が主体となって進めている活動を総じて『町民まちづくり活動』と言えるならば，他の町に劣ることのない多くの活動が進められています．町内には400を超える活動団体があり，地域に暮らす人々の知恵と工夫により，活動が一層活発化しています．今後，更に町民同志の絆が強まるよう，活動や情報提供に取り組みながら各団体の支援活動を目指していきます」と書かれていた．町民まちづくり活動センターは，白老町役場の別館にあり，白老町町内会連合会と団体活動サポートの事務局を担い，白老町の広報誌「元気まち」の編集・発行を請け負っていた．「元気まち運動」における「市民」の「協同活動」，そして「市民」の「協働」の成果と考える．

しかし，同年同月に行われた町長選挙では，見野町長が引退して候補者4人が乱立し，結果として「元気まち運動」を継承しない町長が誕生した．だが，その町長は公約撤回などで町議会から不信任議決を受け，同年10月には町長辞職・議会解散となり，11月に出直し町長選挙が行われた．当選したのは，元・元気まち推進課長の飴谷長蔵氏であり，「元気まち運動」は継承され，協働のまちづくりは続いていった．

2004年10月には,「第4次白老町総合計画（基本構想)」が策定され,「新生しらおい21プラン」が示された．めざすべき将来像として「町民が主人公,活力あふれるまち」が，基本目標として「町民生活の安定化」「地域産業の活性化」「地域自治の充実」が掲げられ，まちづくりの基本姿勢として「協働のまちづくり」がめざされた．

そして，2006年12月には「自治体の憲法」といわれる「白老町自治基本条例」が策定された．前文には,「(前略）私たちは，まちづくりの主体として，協働の精神のもと，将来にわたり力を合わせ，自らのまちを自ら守り，育てることにより，次代を担う子どもたちに引き継ぐ責任があります．そして，私たちは，自治の仕組みを制度として確立し，さらなる自治の推進を図ることで,『しあわせを感じるまち』を実現するため，白老町自治基本条例を制定します」と書かれている.「町民は，まちづくりの主体として，自ら考え行動し，住みよい地域づくりに努めます（第12条)」,「町民は，町の保有する情報について知る権利を有するとともに，自主的な活動に取り組み，かつ町政に参加する権利を有します（第13条)」等，まさに，白老町が「元気まち運動」として取り組んできた「協働のまちづくり」の到達点といえる．

2007年11月，飴谷町長は再選し，引き続き「元気まち運動」が継承され，協働のまちづくりは続いていった．

2009年4月からは，NPO法人お助けネットが白老町の子育て支援センターである「子育てふれあいセンター」を町から委託され，運営が始まった．「お助けネット」の代表者は，住民リーダーIICさんである．このことも，町民まちづくり活動センターと同じように,「市民」の「協同活動」と「協働」の成果といえる．

同年6月，高齢者によるコミュニティビジネスとして山菜料理店「グランマ」が開店した.「グランマ」の当初の代表は，住民リーダーIIAさんである．

2011年10月には，飴谷町長は引退し，新しく戸田安彦氏が町長となった．戸田町長は，JC会長も務めた若手経営者の一人であり,「元気まち運動」の成果を理解してきた人物だという．

2012年3月には，NPO法人「御用聞き わらび」が設立されている．ブログには，「高齢者世帯等の方の困り事を，お助けする互助会員制の有償ボランティア組織です」と書かれている．高齢者による「生涯現役」のコミュニティビジネスであり，このNPO法人の理事長は退職した一般職役場職員IIEさんがつとめている．

2012年6月には，自治基本条例が改正（第1次改正）された．これは，「施行から5年を超えない期間ごとに，各条項がこの条例の理念を踏まえ，本町にふさわしく，社会情勢に適合しているかを検討する」と規定されており，条例施行から5年目を迎えた2011年6月に町民・議会・行政の三者からなる「白老町自治基本条例検証委員会」を設置し，各条文のほか，自治基本条例の置かれている現状や課題の検証を行ったのである．検証の結果，第11条（町政活動への参加）および第36条（条例の見直し）について，町民が主体となったまちづくりの可能性をさらに拡げるために改正が必要との結論に至り，「自治基本条例の見直しに関する提言書」が町長に提出され，議会の議決を経てはじめて改正された．

その後，2014年10月には「第5次白老町総合計画」が策定され，2015年10月に戸田町長再選．2017年9月には，白老町自治基本条例の改正（第2次改正）も行われた．そして，2019年10月には戸田町長が三選し，現在に至っている．

(3) 白老町における協働のまちづくりの深化

このように，白老町における「元気まち運動」から現在までの「協働のまちづくり」の取り組みは，時期によって変化し，深化してきたとみることができる．

「元気まち運動」は，自治体における1つの政策であり，その主たる政策目標は，「職員と住民の協働によるまちづくりの実現」であった．そして，そのために「職員と住民との協働による学びあい」という個別の政策過程のルール化が焦点となっていた．しかし，そこで使われてきた「協働」の意味は，当初のスローガン的な言葉からだんだんと実質化していったといえる．

たとえば，1995年当初の「職員と住民（公募による）との協働の学びあい（②)」という時の「協働」の意味は，単に職員と住民が「いっしょになって」「同じ場所で」学びあうということだった．しかし，その後の「職員と住民との協働の学びあいによる政策提言（③)」や「具体的な政策形成過程としての職員と住民の協働による学びあい（④)」においては，お互いに「対等に議論しあって」学びあい「合意形成」していく，という意味に変化していった．そして，「対等」という意味も「過程としての情報も含む，すべての職員・住民との情報共有（⑤)」においては，実質的に「対等に議論」できる状況を創り出していったのである．そのような職員と住民が「対等に議論しあって」学びあい，「合意形成」して行う個別の政策過程のルール化を，自治体の側は進めようとした．

住民の側からは，すべてを自治体の政策としての公共サービス等に求めるのではなく，住民自らが「市民」としての責任と自覚を持って，「協同」によって解決していくべき課題も多く，学びあいによる「市民」への意識変革も含め，「市民」同士による「協同活動」も広がった．それは，「福祉のネットワーク」としての「地域福祉を考える会」や，第2次「元気まち100人会議」による「まちづくりのネットワーク」の取り組み，「公開討論会99しらおい町民の会」の活動，そして「議会改革としての夜間議会の開催」等である．そこには，自治体職員の「市民」としての参加も見られた．

そして，前述のように1999年現在の白老町では，「市民」同士の「協同活動」と，役場からの発信としての職員と住民との「協働」による政策過程のシステム化が平行して進められ，「市民」の「協働」による地域づくりのシステム化を求めていったのである．

それは，2000年以降の白老町における協働のまちづくりの推移の中で，実現していったといえよう．2003年4月から白老町町内会連合会が町民まちづくり活動センターを委託され町広報誌の編集・発行を担ったこと，2009年4月からNPO法人お助けネットが子育てふれあいセンターの運営を委託され町の子育て支援を担ってきたことは，まさに，「『職員と住民の協働』から「『市民』の『協同』『協働』へ（⑦）」が実践されていることの現れといえる．また，2006年12月に白老町自治基本条例が策定されたことは，「市民」の「協働」による地域づくりのシステム化の制度化に他ならず，その後の条例の改正は協働のまちづくりのさらなる深化といえよう．

3．子育て，消費生活，福祉，イベントから地域づくりへ

次に，「元気まち運動」を通じて住民リーダーとして地域づくりの主体形成を果していった4人を取り上げ，そのプロセスを紹介していく．

(1) 子育て，消費生活，福祉は，自らの生活課題

IIA さんは，夫の転勤で白老へ引っ越してきたが，地域で仲間が欲しいと思い，地域婦人会に入会したという．そこでは，教育委員会が主催する教養的な学びを多く経験したが，ある講演会をきっかけに消費者問題に関心を持つようになった．

IIC さんも，夫の転勤で白老へ引っ越してきた．ちょうど妊娠・出産と重なり，自分は仕事を辞めて子育てに専念することになったが，出身地でもない白老での子育てに悩むようになっていった．そんな時，役場の保健師が主催する子育て講座に参加し，育児サークル「トコトコ」を結成して代表となった．そして，個人で「子育て通信」を発行するようになった．

IID さんは，専業主婦をしていたが，あることをきっかけに自らの「老後」に不安を持つようになった．そこで，社会福祉協議会が主催するヘルパー講習会に参加し，ボランティアサークル「ヘルム39」を結成して，高齢者施設で介護のボランティアを始めた．

ここまでは，それぞれが自らの生活課題とその解決に取り組んだ活動であり，このままだと一般的には地域づくりにはつながってはいかない．

(2)　生活課題から「限定された」地域づくりへの自覚

しかし，その後3人は，自らの生活課題の解決のためには，地域の多くの人びととのつながりの中で解決していかなければならない，ということに気づいていった．

IIA さんは，自らの主婦としての自立をめざして，消費者問題を地域全体の課題として取り組んでいこうと考えるようになった．

IIC さんは，地域での子育てネットワークと子育て支援の必要性を感じ，どう取り組んでいったらよいか，そのあり方を考えるようになっていた．

IID さんは，ボランティア活動に取り組む中で，ボランティア活動は地域づくりにつながると考えるようになった．

一方，IIB さんは，白老で写真店を営む自営業者であり，白老青年会議所（JC）の理事長も経験し，大昭和製紙野球部復部運動に関わり，イベントを開催する等の地域づくりに取り組んでいた．その後，町議会議員としても活躍している．自営業者である IIB さんにとっては，商売繁盛は，地域に多くの人たちが集まってこなければ実現できず，生活課題（商売繁盛）の解決は，イベントによる地域づくりに直結していたといえよう．

いずれにせよ，ここで4人は第1章で説明した「B（地域づくりに対する限定された協同的意識）」を形成したのである．

(3)　不信感や対立・葛藤から，協同・協働へ

「B」の意識を形成し，地域づくりを進めていこうと考えて取り組むようになった4人は，それぞれの課題に関わる役場の担当部局や他の住民たちへ向けて協力を要請した．しかし，一個人や一組織・団体からの働きかけだけではすぐ対応しないのが行政であり，共通する課題（子育て，消費生活，福祉，イベント）を抱えていても，方法や考え方が異なる個人，組織・団体とは対立が生じていった．その結果4人は，それぞれの個別行政に対して不信感や失望を感じるとともに，住民諸階層との間には対立や敵対関係による葛藤が生じた．

IIB さんは，他の 3 人より時期的には少し早く，「元気まち運動」が始まる前の時期から「C（地域づくりに対する市民としての協同的意識)」の意識を形成していた．イベント開催時期を巡って各組織・団体との対立・葛藤を経験し，「B」の限界を克服して「イベント調整会議」を開催して，公論の場での議論によって合意形成に取り組んだ．

他の 3 人は，「B」の限界を感じてそれを克服しようと考えた時期が，ちょうど「元気まち運動」が本格的に展開した時期と重なり，総合行政として取り組まれた「元気まち研修会」等への参加が，それぞれの「B」の限界を克服して，「C（地域づくりに対する市民としての協同的意識)」を形成させていったのである．

(4) 自分たちが白老という自治体を創っていくのだという自覚へ

「C」を形成した 4 人は，その意識に基づき，さらなる地域づくり実践を行っていった．その段階では，役場職員の「元気まち運動」を積極的に進めているグループである「バビル 94」のメンバーらとの間に，共感や信頼感・友情等を感じていくプロセス（<A> → <A’>，<A’> → <A> による「A（仲間意識)」の形成）があった．

そして，このような役場職員との関係や「バビル 94」等での学び，そして彼らの支援による地域づくり実践等を通じて「自分たちが白老町という自治体をつくっていくのだ」という「D（地域づくりに対する公共的意識)」を形成していった．ここでの学びは，「地方自治の本旨」「自治体の役割」「議会の役割」「審議会の役割」「職員の役割」「住民と職員の協働」等，自治体のあり方の本質を学ぶものであった．

つまり，「元気まち運動」への参加と役場職員からの「協働」への働きかけが，4 人の「C」から「D」への意識変革を促したといえる．

(5) 「行動する意識」としての地域づくりの主体

さらにこの 4 人には，IIA さんを除き「D」→「E（地域づくりの主体としての公共的意識)」の形成を見ることができる（IIA さんは，家庭の事情で活動に参加できなくなっていた）.

ここで３人が,「D」→「E」の形成，つまり「しつつある意識」から「実行ある意識」あるいは「行動する意識」への形成を可能としたのは，１つには,「元気まち運動」自体が「職員と住民との協働の学びあいによる政策提言(③)」に留まらず,「具体的な政策形成過程としての職員と住民による協働の学びあい（④)」,「過程としての情報も含む，すべての職員・住民との情報共有（⑤)」，さらに「個別の政策過程としてルール化していくための役場内の合意形成（⑥)」へと発展していったからである．つまり,「職員と住民との協働」を前提とした白老町における「元気まち運動」の発展過程が，その条件をつくりだしたといえる.

もう１つとして，これらの住民リーダーたちがその条件を創り出してきたと見ることもできる．たとえばIIB さんは，町議会議員として３期目を迎えていたが,「D」を形成して以降，その議員としての本来の役割を自覚的にとらえ,「行政改革」「議会改革」に積極的に取り組んでいた．また，IID さんは住民自身による「福祉ネットワーク」を進めながら，第２次「元気まち100 人会議」福祉部会に入り,「介護保険条例」策定に関わっていった.

したがって,「元気まち運動」が政策過程のルール化へ向かっていったことが，３人の「D」から「E」への意識変革に繋がったのである.

(6)「市民」の「協働」による地域づくり——八雲町の実践との比較から

第２章で取り上げた八雲町の地域社会教育実践では，住民のリーダー層の意識変革は「D」で留まっていた．しかし，白老町の「元気まち運動」では住民のリーダー層は「E」を形成し，政策過程に住民のリーダー層が直接関わっていたのである．この違いは，なぜ起こったのであろうか.

八雲町の地域社会教育実践は，社会教育主事のIA さんが，長年にわたって専門職として意図的に組織し支援してきた教育実践であった．したがって，めざされていたのは住民の意識変革であり,「D」は想定されていたが,「行動する意識」である「E」は想定していなかったといえる．しかし，白老町の「元気まち運動」では，協働のまちづくりがめざされ取り組まれていったが，その「協働」の意味は，当初のスローガン的な言葉からだんだんと実質化し，職員と住民との関係の中で深化していったのである．その結果，「市民」の「協働」による地域づくりへと発展し，結果として「D」のみならず「E」への意識変革が，行われていったといえる．

4．リーダー層の地域づくりの主体形成と自治体職員

(1) 「元気まち運動」という「しかけ」を生み出した自治体職員たち

次は，白老町の自治体職員についてである．前述のとおり，住民リーダーたちの地域づくりの主体形成には，役場職員である自治体職員との関係が不可欠だった．つまり住民リーダーたちの「B」の意識から「C」の意識へ，そして「D」，さらに「E」へと意識変革して，白老町の政策過程に公共的な「行動する意識」を持って関わっていくようになれたのは，「元気まち運動」という「しかけ」を通じて，自治体職員たちと「協働」の関係を創っていったからだといえる．したがって，八雲町のリーダー層のような「一歩前」の意識変革による働きかけが，そこにあったはずである．そして，その前提として彼ら自治体職員としての自己形成の中にも，地域づくりの主体形成過程があるということである．

図3-1は，自治体職員の自己形成の中の学習過程を構造化した図である．

まず，図の上の左側に「住民」とあるが，住民は自らの生活実践の中で，学習実践や地域づくり実践をし，時間軸である左から右へ，「B」「C」「D」「E」と意識変革を遂げていく．

一方，自治体職員も一住民として同じように地域社会で生活しており，生活実践の中で，学習実践や地域づくり実践をし，「B」「C」「D」「E」と意識変革を遂げていく側面を持っている．自治体職員は，日々自治体の仕事を担っているが，それが単に「お役所仕事」ではなく，「住民との協働」さらに「市

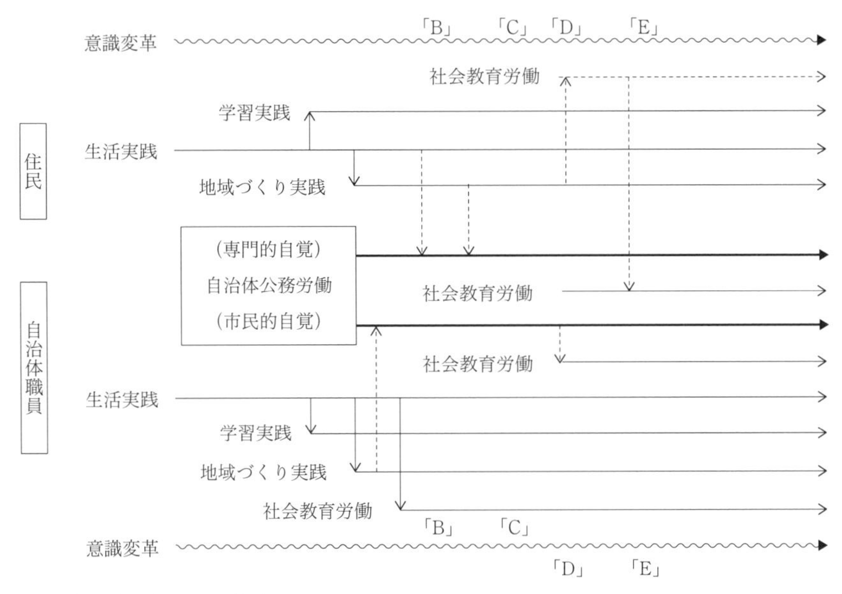

出典：内田（2011）p. 126 を修正.

図 3-1　自治体職員の学習過程

民」相互の「協働」として行う「自治体公務労働」として自覚されていく．やがて，その中心に「社会教育労働」が自覚され，意図的な働きかけとして「自治体公務労働」を担っていくことになる．

自治体職員の「自治体公務労働」を自覚していくプロセスには，自らが住民として生活実践・地域づくり実践の中から自覚する「市民的自覚」と，自治体職員として担っている仕事の中から自覚する「専門的自覚」がある．自治体職員は，これらを通じて，地域づくりの主体として自己形成していくと考えられる．

(2)　自治体職員の自己形成と地域づくりの主体形成

次に，4人の白老町役場職員を事例に，具体的な自治体職員の地域づくりの主体形成過程を説明する．

1）役場内の正式な政策決定には関われない一般職員

①IIE さん（1999 年当時，産業経済課係長）

IIE さんは，もともとプロサッカー選手になる夢を持っていたが，大学卒業後，家庭の事情で地元・白老町に戻り役場に就職した．当初は，役場の仕事より自らサッカー選手として，地域の少年サッカーチーム等のコーチとしての生活が中心だったという．しかし，役場の先輩である IIH さんから誘われ，住民リーダーの項で紹介した IIB さんが中心になって行っていた，コタンコンサートに一住民として関わるようになり，地域づくりを自覚して「B」を形成していた．一方，役場職員としては，公募された第 2 期 CI 委員会推進班に応募し，その中で「元気まちアクションプラン」を策定して，その後の「元気まち研修会」を中心とする「元気まち運動」を主導していった．また IIE さんは，「元気まち運動」が本格的に展開していく以前の 1993 年，IIB さんらと白老町内のイベント開催時期を巡る各組織・団体との対立・葛藤を克服するため，「イベント調整会議」を開催して公論の場での議論によって合意形成に取り組み，「C」を形成していた．その後，IIE さんは国際先住民族フェスティバルやバビル 94 にも参加した．そして，1995 年から第 3 期元気まち推進班の一員として，「C」の意識のもと「D」を形成して「元気まち運動」というしかけを創り出していったのである．したがって，前述した八雲町のリーダー層のような「一歩前」の意識変革による働きかけを行った 1 人である．

そして，「協働」の中味が深化していく中で，一般職員である IIE さんも，「E」を形成していったのである．

②IIF さん（1999 年当時，北海道町村会に出向中・前・元気まち推進課担当職員

IIF さんは，学生時代からテニスをやっており，若い頃は市民テニスサークルに所属して白老町テニス協会発足後はその事務局をしたり，高校のテニス部でコーチをしたりしていた．結婚し白老町内に居住してから町内会に入り，役員になったことで一住民として地域づくりを自覚して「B」を形成し

ていた．役場職員としては，市町村アカデミー研修に派遣されたこともあり，IIE さん同様に第 2 期 CI 委員会推進班に入り，その後企画課「元気まち運動」担当となった．しかし，IIF さんは IIE さんとは違い，この時期にはまだ「C」の意識を形成していなかった．そして，1995 年から元気まち推進課の担当職員として，「元気まち運動」に参加していったのである．

やがて，1996 年に白老で開催された北海道自治体学会白老フォーラムの実行委員会で利害対立や葛藤が生じた．IIF さんは，それを乗り越えて合意形成を図ろうと取り組む中で，他の「B」の意識を形成している役場職員や住民リーダーとともに「C」を形成し，さらに「元気まち運動」を通じて「D」を形成していった．そして，「協働」の中味が深化していく中で，一般職員である IIF さんも，「E」を形成していったのである．

2)　町長の補助者として日常的に政策決定に関わることができる管理職職員

①IIG さん（1999 年当時，企画課元気まち推進担当主幹）

IIG さんは，もともと役場に職員労働組合ができた時，執行委員として自治研部長を務め，「わいわいデスカッション」を開催する中で，住民と「協力」する地域づくりを自覚して「B」を形成していた．第 1 期 CI 委員会推進班に充て職で入ったことから，職務で「元気まち運動」に関わるようになり，職員公募による第 2 期 CI 委員会推進班の結成に尽力して，「元気まちアクションプラン」を策定した．また，「バビル 94」の結成にも中心的に関わった．そして，1995 年から元気まち推進課主幹の管理職として，「元気まち運動」というしかけを創り出していったのである．しかし，IIG さんは「元気まち運動」を始めた当初は，「C」の意識を形成していなかった．1996 年の北海道自治体学会白老フォーラムの実行委員会で利害対立や葛藤と，それを乗り越えて合意形成を図ろうと取り組む中で，他の「B」の意識を形成している役場職員や住民リーダーとともに「C」を形成したのである．もちろん，元気まち推進課主幹の管理職になったことにより，「D」「E」の意識を形成しており，住民との協働によるまちづくりという「元気まち運動」の「しかけ」

を創り出していった.

②IIH さん（1999 年当時，産業経済課経済振興担当参事・前元気まち推進課長）

IIH さんは，前述したように 2003 年から 2011 年までの 2 期 8 年町長を務めた飴谷長蔵氏である.

もともと野球をやっていて，役場野球部で活躍していた．その関係から IIB さんらと親交があり，誘われて一住民としてコタンコンサートに関わるようになり，地域づくりを自覚して「B」を形成していた．その後，IIE さんをコタンコンサートに誘うとともに，IIB さんたちと白老町内のイベント開催時期を巡って各組織・団体との対立・葛藤を克服する「イベント調整会議」を開催した．そこで公論の場での議論によって合意形成に取り組み，「C」の意識を形成していた．その後，国際先住民族フェスティバルや「バビル 94」にも参加した．一方，役場職員としては 1994 年には総務課主幹となり，1995 年から総務課が担当することになった「元気まち研修会」の責任者となった．そして，1995 年から元気まち推進課長として，「C」の意識のもと「D」「E」の意識を持って「元気まち運動」というしかけを創り出したのである．したがって，IIH さんも「一歩前」の意識変革による働きかけを行った 1 人である.

このように，4 人の自治体職員は，住民との協働によるまちづくりという「元気まち運動」の「しかけ」を創り出し，他の役場職員や住民リーダーの意識変革を促していったのである．さらに，管理職である IIG さん，IIH さんは，「元気まち研修会」の手法である職員と住民が協働して政策を決定するしくみを，他の行政部局へも拡げていく働きかけをしたのだった.

(3) 住民リーダーと自治体職員との関わり

次に住民リーダーたちと自治体職員との関わりについて整理していく.

まず，「元気まち運動」の前史において，IIE さん・IIH さんの「一歩前」の意識変革に影響を与えたのが IIB さんである．IIB さんら若手経済界の人たちが始めた「コタンコンサート」等に，地域住民の1人として仲間として関わったことが，IIE さん・IIH さんにとって「B」の形成につながったのである．さらに，それらの活動を通して「イベント調整会議」が必要となり，3人は，そのことを通じて「C」を形成していった．

そして，「元気まち運動」が現実に展開していく中では，公募による第2期 CI 委員会推進班に IIE さん，IIF さん，IIG さんが参加し，「元気まちアクションプラン」がつくられ，「元気まち運動」として「元気まち研修会」が組織された．総務課主幹だった IIH さんは，「元気まち研修会」を総務課の職員研修の一環として位置づけ，職員が参加しやすい環境を整えていた．また「バビル 94」を結成し，役場職員のインフォーマルな学びあいを組織し，そこに「協働」の相手となるべき住民リーダーとして，IIB さんや消費者協会をつくろうとしていた IIA さんを誘った．その後 IIA さんは，第1期「元気まち研修会」に参加していった．そして，IIA さんらとの学びあいが，担当であった IIF さん・IIG さんにとって，「協働」のあり方を考え，理解するきっかけとなったのである．

また，1996年には「北海道自治体学会フォーラムインしらおい」が開かれ，半年間の実行委員会での対立・葛藤と合意形成が，その後の「元気まち運動」と「協働」の中味を変化させていった．この実行委員会には，IIC さんも参加しており，「B」を形成していたが，行政に対しては不信感を持っていた．しかし，実行委員会での議論を通じ，IIC さんなりの「地域づくり」と「協働」の意味を理解していくとともに，IIC さん自身の「C」の形成に影響を与えただけでなく，IIF さん，IIG さんにとっても，真の「C」の形成をもたらしたのだった．

さらに「北海道自治体学会フォーラムインしらおい」は，住民リーダー同士を結びつける場でもあり，住民リーダーと自治体職員との結びつきの場でもあった．たとえば，IIC さんは，IIG さんら「バビル 94」のメンバーと信頼関係ができ，「バビル 94」の例会にも参加するようになっている．

1996年の第2期「元気まち研修会」は，このような「北海道自治体学会フォーラムインしらおい」での成果を取り入れる形で進められた．ここにIIDさんが，自ら応募して参加した．最初の会合でIIDさんが提案した「福祉・ボランティア」は，1人しか参加の希望がなかったが，担当者のIIFさんが必要性を感じ，「福祉施設」部会をつくった．「福祉施設」部会には，IIEさんが毎回参加していた．ここでのIIDさんの思い入れは強く，IIFさんや責任者であるIIGさんは，少しでも政策として実現できることをめざして役場内へ働きかけていった．このような中，IIDさんは，IIEさん・IIFさん・IIGさんらに信頼感を抱くようになり，「バビル94」の例会にも参加していった．これら自治体職員との関わりが，IIDさんの「C」の形成に影響を与えたのであった．

そして，これら「元気まち研修会」を中心とする「元気まち運動」の協働のまちづくりの深化が，IIGさん，IIHさんという管理職職員によって「職員と住民との協働による政策過程のシステム化」として全庁的に取り組まれ，住民リーダーたちの「D」そして「E」の形成を促すとともに，IIEさん，IIFさんら一般職員の「E」の形成も促したのである．

そこには，職員と住民が相互に意識変革を促す関係があったといえる．

したがって「元気まち運動」とは，「B」の意識を形成している職員と住民が，相互に「C」「D」「E」と意識変革を促す「しかけ」・「しくみ」だったと理解することができる．

このような「元気まち運動」の本質の理解を深めるために作成したのが図3-2である．左から右が1987年から1999年までの流れであり，①から⑦の番号は，前述した「元気まち運動」の7つの発展段階のことである．

(4) 自治体における管理職労働の意味

最後に，自治体における管理職職員とはどんな存在であるべきかを整理したい．筆者は，自治体の仕事を「地域づくりの事務局」と考えており，管理職労働は自治体の仕事のプロの中核に位置すると考える．住民自身が「行動する意識」としての「E」を形成し，自治体における地域づくりの主体とな

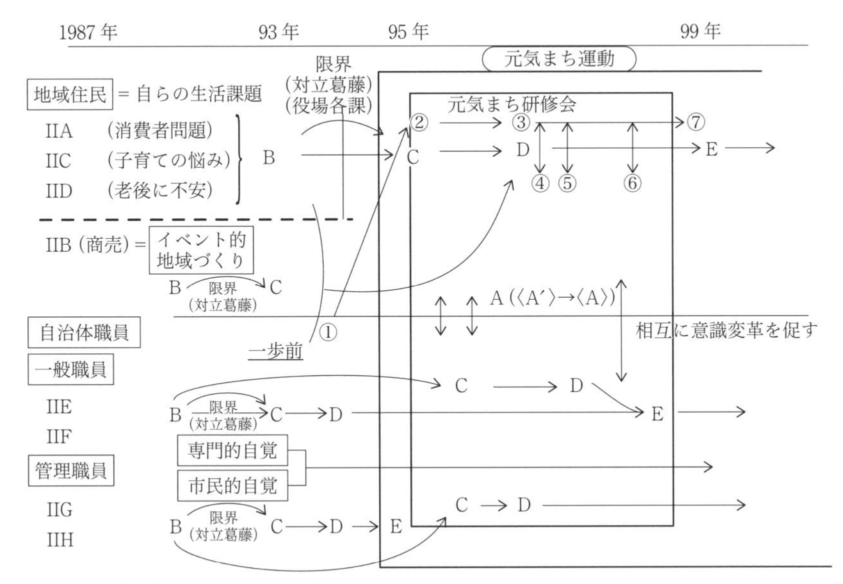

出典：内田（2011）をもとに新たに作成．

図 3-2 「元気まち運動」の本質理解

るためには，首長（市町村長）をはじめ管理職の自治体職員が，「市民」相互の「協働」の政策過程を進めていかなければならない．したがって，どんな人材がその自治体の管理職にいるかが，地域づくりにとってのもっとも重要な鍵なのである．

今日の課題

・白老町がなぜ「古典的企業城下町」なのか説明してください．

・白老町における「協働のまちづくり」とは，どういうことだったかを説明してください．

・「元気まち運動」への参加が，どうしてそれぞれのリーダーにとって「B」の限界を克服して，「C」へと意識変革させたのかを説明してください．

・「元気まち運動」の本質とはなんであったかを説明してください．

・「元気まち運動」のしかけを日常化していくためにはどうしたらよいか説明してください.

参考文献

『新白老町史』上・下巻（白老町，1992）
内田和浩『「自治体社会教育」の創造［増補改訂版］』（北樹出版，2011）
内田和浩『参加による自治と創造：新・地域社会論』（日本経済評論社，2019）
白老町ホームページ　http://www.town.shiraoi.hokkaido.jp/
白老町統計書　http://www.town.shiraoi.hokkaido.jp/docs/2013012300271/
NPO 法人お助けネット　http://blog.canpan.info/otasuke/
山菜料理店「グランマ」　http://gajousan.exblog.jp/10251931/
NPO 法人「御用聞き わらび」　http://blog.goo.ne.jp/warabi-tyan

第4章
「自治を創る学び」
―ニセコ町の「情報共有」「住民主体」―

1. ニセコ町の歴史と概要

(1) ニセコ町の位置

ニセコ町は，札幌市の西方，後志(しりべし)振興局管内にあり，羊蹄山やニセコアンヌプリなどの山系に囲まれた内陸の豪雪地域に位置し，冬のスキーリゾートを中心に夏のカヌーや滞在型リゾート等，年間160万人前後の観光客が訪れる町である．

2021年3月末現在の人口は，男：2,434人，女：2,466人，合計：4,900人，世帯数2,518で，1980年以降ほぼ4,500人～4,600人で横ばい状況であったが，ここ数年は移住してくる人々が増え微増となっている．近年は外国人移住者も増え，男：172人，女：120人，合計：292人，世帯数：189となっている．

(2) ニセコ町の歴史

ニセコ町の歴史は，本州の資本家の投資した農場や団体入植者により開拓が進んだという特徴がある．その中で「有島農場」が全国的に有名である．

有島農場は，1899年に有島武（小説家・有島武郎の父）が未開地の払い下げを受け，開墾した農場であり，この農場を武郎が1908年に譲り受けた．しかし，武郎は1922年に農場の無償開放を宣言し，農地を無償で小作人に与えたのである．小作人は，「狩太共生農団利用組合」を組織し，農場施設の一切を共有財産として経営を行った．これは，1949年の自作農創設特別措置法が施行されるまで続けられ，当時の社会に大きな反響を与えた．

開拓当初の狩太村（現ニセコ町）は，真狩村の未開地とされていたが，1901年頃には分村を望む住民の動きが活発となり，同年10月16日には，北海道から分村の告示が出された．当時の戸数は308戸だったという．

その後，人口は順調に増え，1911年には1,451戸，7,446人にまでふくれ上がり，1962年まで8,000人台を維持していたが，若年層の都市への流出，後継者難による離農が増えることにより人口の流出が続いた．

また，町名の改正については，1936年にも動きがあったが結果的には不発に終わり，2度目の運動により1964年，全国で2番目のカタカナのまち「ニセコ町」が誕生した．

一方，ニセコ町がスキーリゾートをはじめとする観光地になっていくのは，1950年に羊蹄山が支笏洞爺国立公園に指定され，ニセコ地域が道立公園に指定されたことがスタートだった．その後，1958年にニセコ温泉郷が国民保養温泉地に指定され，1963年にはニセコ連峰がニセコ積丹小樽海岸国定公園に指定された．そして，1966年にニセコモイワスキー場，1972にはニセコアンヌプリ国際スキー場，1982年にはニセコ東山スキー場が，それぞれ開設された．

(3) 「平成の合併」とニセコ町

ニセコ町は，開拓の歴史から一度も合併せず続いてきた自治体であるが，「平成の大合併」が進められた際は，2003年に近隣5町村（ニセコ町，倶知安町，喜茂別町，蘭越町，真狩村）による法定協議会を設立して，合併問題を検討していた．ニセコ町では，合併協議の中でも，検討過程をすべて公開し，「合併の是非を考える懇談会」を町内11会場で開催するなど情報共有を進めた．2004年9月には，町民に対して「合併に関するアンケート調査」を行い，「合併しない」と決定し，「自立・自律」の道を選択したのだった．法定協議会も解散し，近隣町村も合併には至らなかった．

(4) 地域社会の構造

ニセコ町の地域社会の構造について概観すると，産業別就業人口（2015年国勢調査）では，農業・サービス業（観光業）が多くを占めている．

農業では，主要10作物の総作付面積は，年々減少傾向にある．主要10作物は，1993年と2019年を比較すると，水稲は3割，馬鈴薯とかぼちゃは5割，スイートコーンとメロンは6割，てんさいは8割程度の作付面積が減少している．それに伴い，収穫量も減少している．中でも，馬鈴薯の収穫量の減少が著しい．農家総数は，近年は減少している．

観光業では，ニセコ町の観光客入込総数は，2019年には海外からの観光客や道の駅などの入込増加により，過去最大級の入込状況にある．季節で見ると，もともとスキーリゾート中心で冬の観光客が中心だったが，1999年度から夏と冬の入込数が逆転しており，ニセコの観光に変化が見られた．2014年以降，ニセコのパウダースノーをはじめとするスノーリゾートの魅力が再び注目を浴び，海外からの冬の入込数が増加し，夏冬拮抗している．

商業については，統計資料には掲載されていない．

小中学校の統廃合も進んだ．統計資料からは，現在ニセコ町内に小学校2校，中学校1校，高等学校1校，そしてインターナショナルスクール1校があることがわかる．生徒数は，ここ数年は横ばいか若干増加している．しかし，「ニセコ年表」によれば，1990年に福井小学校，2006年に宮田小学校が閉校になっている．また，2012年に北海道インターナショナルスクール・ニセコ校が開校した．

なお，ニセコ町の地域社会の構造を理解するためには，「数字で見るニセコ　ニセコ町統計資料2020年5月版」を参照してほしい．ただし，この統計資料をニセコ町では毎年更新しており，長期間にわたる推移を知るためには，過去の資料との比較が必要となる．また，2020年にはコロナ禍のため，海外からの観光客が激減しているが，2019年度のデータをもとに作成した「2020年5月版」からは，うかがい知ることはできない．

2. ニセコ町の「自治を創る学び」と地域づくりの歩み

ニセコ町では1994年10月の町長選挙で，わずか126票差で現職を破った新人の逢坂誠二氏が，当時35才の若さで初当選した．逢坂氏は，当時ニセコ町役場の職員で係長であったが，北海道内の若手自治体職員の地方自治に関する研究会（後の1995年に発足した北海道自治体学会等）で活躍していた人物だった．

そして，1994年11月にスタートした逢坂町政は，「情報共有」と「住民主体の町政」の実現を掲げて，さまざまな先駆的な取り組みを行った．

具体的には，「そよかぜ通信」「まちづくりトーク」（1995年2月～），予算説明書「もっと知りたいことしの仕事」の発行（1995年4月～），「まちづくり懇談会」（1995年11月～），「事業別住民検討会議」（1995年11月～），「こんにちは，おばんです町長室」（1996年7月～），「まちづくり町民講座」（1996年6月～），そして「情報公開条例（1998年9月制定）」等が上げられる．

また，役場職員の研修を重視し，1996年度からはそれまでわずか年間200万円程度だった職員研修関連予算を約1300万円に増額し，職場内研修の充実はもちろん，道外の研修機関や他自治体や企業への派遣研修等を年ごとに多様化させていき（この間，役場職員の毎年1～2名が社会教育主事講習を受講），全職員が2年に一度は何らかの研修を受けるという状況になった．ここで重視されたのは「交流」であり，逆に外部から役場に人を受け入れることも積極的に行い，視察だけでなく研修生（学生のインターンシップのみならず，他自治体の職員や民間企業の社員なども）も積極的に受け入れていった．

そして，直接職員研修と銘打たないが，1995年6月から開始された「環境美化巡視事業」は，係長以下の全職員が分担して週2回，二人一組で巡視車で町内をパトロールするものであった．また，1996年8月からは，庁内

LANシステムが整備され，全職員に1台のパソコンが導入された．これらも，職員の人的ネットワークやコミュニケーション能力・情報共有能力を高めるための取り組みだったといえる．

このような中で，2000年12月，「ニセコ町まちづくり基本条例」が制定され，2001年4月から施行された．それは，「これまで取り組んできたしくみや制度は，住民の権利として将来的に残っているとは限らない」という認識のもと，「協働してまちづくりを進めるための取り組みをしくみとして保障するため」（逢坂町長）に策定されたものであった．

3.「ニセコ町まちづくり基本条例」と制定後の変化

(1)「ニセコ町まちづくり基本条例」とは

2001年4月から施行された「ニセコ町まちづくり基本条例」は，「自治体の憲法」ともいわれ，住民自治に基づく自治体運営の基本原則を定めた条例「自治基本条例」の1つである．現在では，全国で300を超える市町村が，この自治基本条例を制定しているが，「ニセコ町まちづくり基本条例」が，全国で最初に策定された条例である．

条例の前文には，「（前略）わたしたち町民は，この美しく厳しい自然と相互扶助の中で培われた風土や人の心を守り，育て，『住むことが誇りに思えるまち』をめざします．まちづくりは，町民一人ひとりが自ら考え，行動することによる『自治』が基本です．わたしたち町民は『情報共有』の実践により，この自治が実現できることを学びました．わたしたち町民は，ここにニセコ町のまちづくりの理念を明らかにし，日々の暮らしの中でよろこびを実感できるまちをつくるため，この条例を制定します」と書かれている．

つまり，1994年から取り組んできた職員と住民（町民）の「情報共有」の実践によって，自治が実現できることを学んできた町民一人ひとりが自ら考え，行動することによる「自治」によるまちづくりをこれからも進めていこうと誓って，この条例を制定したのだといえる．

ニセコ町のホームページには条例を説明したページがあり，条例の概要として以下のように記している．

条例の概要

町の「ミニ憲法」〜ニセコ町のまちづくりすべてにかかわる条例（自治基本条例）

この条例は，ニセコのまちづくりを進める上での町民共通ルールです．このルールは，日本国憲法や地方自治法などの法の精神に基づき，わたしたち町民がまちづくりの主役（主体）として行動するためのものです．(中略) そこから，町民が住むことそのものが誇りに思える「暮らしづくり」を発展させること，それが「まちづくり」に込められた思いです．

2つの柱〜「情報共有」と「住民参加」

まちづくりの大切な基盤が「情報共有」です．まちづくりにかかわる情報は，町民の共有財産です．町民の間でまちづくりに関する情報が共有されていなければ，住民参加も意味をなしません．そのため，町が積極的に自らの説明責任を常に果たしていくことが最低限必要なことです．この条例では，「情報共有」と「住民参加」を車の両輪に同じと考え，一体のものとして，まちづくりのための重要な原則と考えます．同時に，これらにかかわる基本的な権利の保護に努めます．

自治の実践〜町民の主体的行動と自治の基盤

(前略) 前文では，「自治」の手ごたえを感じています．この自治をより本物の自治に発展させることが最終目的です．そのために，この条例を自治のための基本となる条例として，わたしたち自身のツール (道具) として使いながら，わたしたち自身が「市民」として主体的に考え主体的に行動します．その中では，町民のまちづくりへの参加が，自治を守り，自治を進めるものと考えています．(後略)

育てる条例〜自治の発展

この条例は，最低4年に1回の見直しを行います．平成17年12月に

1次見直しを，平成22年3月に2次見直しをそれぞれ終えました．（中略）町民が将来にわたり育てていく条例として，この条例を位置付けています．（後略）

ここには，その後全国の自治体に広がっていく「自治基本条例」に関する基本的な考え方と評価基準・比較基準が示されている．

それは，①情報共有，②住民参加，③子どもの参加，④育てる条例，の4点である．①は，情報がどの程度公開され，どのような情報共有のための方策がとられているか．②は，参加の度合いが「参集，参与，参画」のどの段階で，どのように保障しているか．③は，20才未満の参加が保障されているか．そのためにどのような取り組みがあるのか．④は，定期的に条例の見直しが行われているか，それはどのように取り組まれているか，である．

(2) ニセコ町まちづくり基本条例制定後の変化

1) 自治体職員の変化

このような「協働のまちづくり」をめざす取り組みでは，「住民の視点に立って考え行動する職員づくり」が絶えず求められる．それらの取り組みやニセコ町まちづくり基本条例制定は，役場職員一人ひとりに意識変革をもたらしていった．

そこでは，それぞれの職員が，それぞれの立場やプロセスで「住民の視点に立って考え行動する職員」としての意識変革・自己形成を遂げているといえる．共通点として，①特に外部からのニセコへの評価の高さから，自分たち自身がニセコの良さを見直す，というサイクルが職員一人ひとりの中に存在していること，②「まちづくり基本条例」制定に伴う住民の自治意識の高まりが，職員の意識変革・自己形成を後押ししていること，を見ることができる．

なお，阿部昌樹は，「ニヤコ町まちづくり基本条例は，まず職員の態度や行動に，さらには住民の態度や行動に，変化をもたらすことを意図した条例であった」と分析し，この条例の制定が「集団的アイデンティティの構築を企図した，アイデンティティ・ワーク」だと位置付けている．筆者も，職員の意識変革という点で阿部に同意するとともに，後述する「あそぶっくの会」の2人の住民リーダーの発言からも，その意識の変化に，まちづくり基本条例の制定が大きく影響を与えたとみることができると考える．

2）合併協議のプロセスと自立への選択

先に「平成の大合併」の際の合併協議について述べたが，その時はすでにニセコ町まちづくり基本条例は制定されていた．したがって，ニセコ町が合併協議の中でも検討過程をすべて公開し，「合併の是非を考える懇談会」を町内11会場で開催するなど「情報共有」を進めたことは，条例に基づく取り組みであったといえる．その結果，「合併しない」と決定し，「自立・自律」の道を選択したのである．

4.「あそぶっくの会」に見る新しい公務労働

次に，住民側からの「住民参加」，そして協働のまちづくりへの動きを，NPO法人あそぶっくの会の取り組みをもとに論じていきたい．

(1)「あそぶっくの会」とニセコ町学習交流センター「あそぶっく」

NPO法人あそぶっくの会は，NPO法人としては2007年10月1日に設立され，ニセコ町の指定管理者としてニセコ町学習交流センター「あそぶっく」の運営，管理にあたるとともに，主に図書を媒体とする複数のボランティア活動を展開している．会の目的として，人々がより心豊かに，楽しく，そして有意義にくらせるよう，良質な図書，情報，および交流の機会を提供することを掲げている．

「あそぶっく」は，2003年4月に開館した「まちの図書館」とも呼ばれている町立の施設である．ニセコ町役場の道路を挟んで正面にある元郵便局を

表4-1 ニセコ町学習交流センター「あそぶっく」ができるまで

1964年	ニセコ町公民館が完成し，図書室が置かれる．
1975年	ニセコ町民センターが完成し，公民館図書室が2階に移動し，町民センター図書室となる．所管が教育委員会から総務課に移る．（本の購入と道立図書館等との連絡は教育委員会という二重行政となる）
1996年	図書室ボランティアグループ「アジャストクラブ」結成
	＊町長に「図書室には鍵を掛けないでほしい」と要望し，本の整理等の活動を開始
	「広報にせこ」に「図来書」連載開始
1997年	図書室隣室の郷土資料室を「絵本のひろば」として開設
	読み聞かせボランティアグループ「お話の会」結成
1999年	図書室に意見箱設置＊旧郵便局舎を図書館にという気運が高まる
	ボランティアの強い要望により，図書室の管理も教育委員会に一本化
	町―旧郵便局舎を購入
2000年	「広報にせこ」「図来書」に「図書館の夢を語ろう」連載企画14回
	町―郵便局跡を図書室にするための検討委員会設置
	7月　第1回検討委員会．以降，14回の委員会と自主開催4回
2001年	3月　第6回検討委員会．町長より財源の都合上，計画の1年延期を告知
	11月　第11回検討委員会．町長より，NPO法人で運営提案あり
2002年	6月　来年度オープンへ向けて町民センター図書室に臨時職員1名配置．初めて常時人のいる図書室となる
	「一日図書館フェスティバル」を教育委員会とボランティアが共催で開催
	7月　第13回検討委員会．愛称「あそぶっく」を決定
	10月　第14回検討委員会．運営はボランティアの任意団体への委託ときまり，準備委員会を設立
2003年	2月　「あそぶっくの会」設立．町民センター図書室閉鎖
	4月　「あそぶっく」オープン

出典：内田（2011）p. 219.

改築した建物で，図書館法に基づく公共図書館ではないので，学習交流センターという名称であり，愛称が「遊ぶ」と「ブック（本）」から「あそぶっく」と名付けられた．敷地面積は，約1343.37m^2，建築面積551m^{2}の平屋で，蔵書冊数は，34,699冊（2021年2月25日現在）となっている．

(2) 「あそぶっく」ができるまでの経緯

表4-1は，「あそぶっく」ができるまでの経緯を整理したものである．

会長のIVDさんは，本州からニセコ町に移住してきた新住民だった．当時，町民センター図書室がほとんど利用されていなかったため，IVDさんは

1996年に図書室ボランティアグループ「アジャストクラブ」を立ち上げ，図書室を活性化させようと取り組んだ．さらに，翌年「絵本のひろば」をつくり，読み聞かせボランティアグループ「お話の会」を結成した．副会長のIVEさんもメンバーとなり，ともにこれらの活動を通じて，「ニセコ町に図書館を創りたい」と考えるようになったという．

そのような中，2000年に郵便局跡をニセコ町が買い取り，図書室にするための検討委員会を町が立ち上げた．2人はそのメンバーとなり，議論に参加した．当初，IVDさんは「行政にちゃんとした司書を雇っていただいて，行政主導の図書館を想定していた」という．しかし，逢坂町長からは「検討委員会の皆さんがNPO法人を立ち上げてやってくれないか」と提案があった．IVDさんたちは「NPO法人なんてできない」と拒否したが，検討委員会で何回も議論を重ね，行政と住民との協働作業ということで，任意団体「あそぶっくの会」が創られ，委託運営という形になり，ニセコ町学習交流センター「あそぶっく」が開館したのだった．

(3) 「あそぶっく」ができてからの担い手たちの意識の変化

2003年4月に「あそぶっく」が開館し，任意団体「あそぶっくの会」としての活動が本格的に開始してから，2人の意識は変わっていった．

「あそぶっく」が開館する直前には，「逢坂町長なしには，『あそぶっく』の運営は考えられない．最初から自主運営でやらせてくださいと言ったわけではない」(IVDさん)．「自分たち町民があまりにも行政に任せっきりだったことに気づかされた」(IVEさん) と，協働というよりも，行政に依存する意識が強くみられた．

しかし，「あそぶっく」が開館して半年後には，「ニセコに魅力的な図書館をつくりたいというのが先にあったので，NPOには興味はないが，いろいろとやろうと思えば思うほどボランティアでは限界がある．ずっと続けていくにはどうしたらいいのかが課題」(IVDさん) と，自分たちが担っていく上での問題点・課題が見えてきたのである．

また，「あそぶっく」が開館した1年半後は，ちょうど合併協議が行われている時期であった．「『あそぶっく』に関わらなければ，合併問題には関心がなかった．しかし，関わるようになって町や人々が見えてきた．町内会や商工会の人たちとも考え方や見方・視野が違う．ボランティアだと町全体のことを考え，見ようとする．自分ならどうするだろうと考えるようになった」(IVE さん）と，ニセコ町全体から「あそぶっく」の今後の在り方を考えられるようになっていった．

そして，2005年8月，「あそぶっく」が開館して2年半後には，IVD さんは「あそぶっくの会は，合併したら町長が替わってしまって困る，という立場でやってきた．だから，合併しなくて良かったと思っている．しかし，今は合併したとしてもやっていける活動にしていきたいと思っている」「今，自分たちの仲間の中から司書を創っていきたいと思っている．今の活動は一人ひとりの意欲で成り立っており，事務局員の2人が自腹で通信教育を受け司書の資格を取ろうと勉強している」「合併協議の中で，他町村の図書館との連携の必要性に気づいてきた．他の町の状況や住民意識は，かつての自分たちのように行政依存．ニセコの築いてきた自治のしくみの良さがわかった」と語っている．また，IVE さんも「合併問題では，実際はお金がないということがわかって，自分たちのことは自分たちでやらなければならないと感じるようになった．これからは，リーダーシップを取れる人の存在が重要．あそぶっくの会にも，リーダーシップを取れる人が，外からではなく中から生まれてくるかがカギ．今，それが私にとってもっとも重要な課題になっている」と語っている．

そして，今後のニセコや「あそぶっく」の展望として，IVD さんは「町民が自分たちのことは自分たちでやるんだよ，という町になっていくべきだと思う．私たちはあくまで文化振興であり，まちづくりについて意識はしていない．しかし，図書館とは農業や産業振興，ビジネス支援などとも繋がる要素はある．これまでニセコには文化活動があまりなく，逆に文化が欠落している町だったので，まずは文化振興という視点で図書館活動に関わり，町内のさまざまな活動と連携していかなければならない．あそぶっくの会をNPOにしたい，という思いが最近でている．まだ自分たちにはそこまでの力量はないと思うが，NPO法人としてすべて自分たちで担った方が良いと思うようになってきた」と語っている．IVEさんは「まず自分が動こう，そうやっていけば町全体も良くなっていく，と考えている．今は，町長が替わっても，いなくても役場職員といっしょにやっていける，できると思う．地域での横のつながりもできてきたし，組織や運用の仕方が見えてきた．補助金の仕組みも見えてきた．補助金も両刃．かえってない方がよい」と語っている．

それらを踏まえて，「あそぶっくの会」のその後の方向性として，①自分たちの中から専門労働（司書）の担い手を創り出す．②自分たちですべてを担う（NPO法人として）＝新しい公務労働の担い手を自覚，の2点を内田(2011）でも指摘した．そのことは，2007年10月1日NPO法人あそぶっくの会を設立し，指定管理者としてニセコ町学習交流センター「あそぶっく」の運営，管理にあたることへと繋がっていったのである．

5．新しい公務労働の可能性

あそぶっくの会がNPO法人へと発展したように，協働のまちづくりを進めていくと，住民自身の中から「新しい公務労働」の担い手が生み出されていく．その際，協働の中味は深化し，「職員と住民の協働」から「市民」相互の「協働」となっていくことは，すでに白老町の事例から明らかにしてきたことである．

そして，それに伴って，自治体職員が担う公務労働の「質」は変化していくと考える．それはどういうことか．たとえば，学習交流センター「あそぶっく」は，図書館ではなく，もともとニセコ町に図書館があったわけでもない．したがって，図書館に司書を含む自治体職員は配属されていない．しかし，同じように協働のまちづくりを進めてきた市町村で，図書館が住民の立ち上げたNPO法人による指定管理者に担われるようになったとすると，それまで自治体職員が担っていた図書館業務という公務労働を，「新しい公務労働」として住民が担うようになる．するとそれまで図書館業務を担っていた自治体職員は，図書館からいなくなる．しかし，自治体職員として図書館に関わる業務が無くなったわけではない．図書館は自治体の責任で公共図書館として税金で運営されることは変わらないのであり，自治体職員の公共図書館への関わり方が変化するのである．この場合は，たとえば指定管理者の職員の力量を高めるための研修会を組織したり，派遣したり，他の自治体図書館や学校図書館，他の社会教育施設とのネットワークを進めたりと，それまでできなかった業務を自治体職員が行うことができ，公務労働の「質」が高まっていくと考える．

今日の課題

・ニセコ町がまちづくり基本条例を策定していく前段で行ってきた先駆的取り組みについて，あなたが一番気になった取り組みは何ですか．その取り組みの概要と理由を説明してください．

・自治体職員が担う公務労働の「質」が変化していくとは，具体的にどういうことだったか説明してください．

参考文献

内田和浩『「自治体社会教育」の創造［増補改訂版］』(北樹出版，2011)
内田和浩「自治を生み出す力―北海道ニセコ町長選挙に関わって―」((国土社『月刊社会教育 1995年5月号』1995. 4)
阿部昌樹『自治基本条例　法による集団的アイデンティティの構築』(木鐸社，2019)
ニセコ町100史・記念誌　https://www.town.niseko.lg.jp/about_niseko/booklet/
数字で見るニセコ　ニセコ町統計資料2020年5月版
https://www.town.niseko.lg.jp/resources/output/contents/file/release/882/10222/2020toukei.pdf
ニセコ町まちづくり基本条例
https://www.town.niseko.lg.jp/chosei/keikaku/machizukuri_jorei/machizukuri_

jorei/
ニセコ町学習交流センター　あそぶっく　http://asobook.sakura.ne.jp/

第5章
「まちづくり権」と自治基本条例の比較

1.「まちづくり権」とは

木佐茂男は,「まちづくり権」を「そのまちがそのまちであるための権利」と定義している. そこで保障される内容は,①まちづくりに関する自主決定,②自治体のまちづくりに影響を与える法令・施策への手続的参加,③重大な侵害に対する司法的救済を受けること,としている.

特に自主決定権については,「そのまちがそのまちであることを体現するために行う自治体の活動に関して,自ら決定し実行する権利」であり,それは「住民の新しい権利を集約して自治体に付与された権利である」としている. さらに,手続き的参加権の視点から「『まちづくり権』は,制度的保障説の核心部分に相当するものといえ,憲法上特に保障された権利である」と位置づけている.

この「まちづくり権」という言葉は,大分県日田市が国を憲法違反で提訴した「日田市場外車券売場訴訟」において初めて使われたものである. 弁護団が裁判所で主張した内容は,「地方自治体は憲法に保障された地方自治の本旨に由来する自治体固有の権能に基づき,行政施策の決定・遂行,自治事務処理の基本規範を策定するが,自治体にはこのような固有の権能に基づいて『まちづくり』の方向を決定し,各分野における自治事務の処理を実行する権能,『まちづくり権』と総称できる権能がある」というものであった.

筆者は,このような「まちづくり権」は,憲法のみならず自治体立法としての「自治基本条例」によって，個別の自治体において住民自治としての「まちづくり権」を強化していくべきと考えている．つまり，自治体の団体自治としての「まちづくり権」は，人権としての自治権（住民自治）によって絶えず住民と職員との協働，さらに「市民」相互の協働によって支えていく権利だということである．

一方，旧・教育基本法（1947年3月31日施行．2006年12月22日施行の現・教育基本法により全面改定された）の前文には「(憲法が掲げる）理想の実現は，根本において教育の力にまつべきものである」と書かれており，それは「まちづくり権」を保障していくための「不断の努力」(憲法第14条)を，教育に求めたものと解することができる．つまり，「まちづくり権」を保障するために地域住民の「学習権」「教育権」を保障することは，憲法からも自治体の役割であると解釈することができるということである．

したがって，自治体立法として「まちづくり権」のみならず「人育ち」(人が人として生まれ育ち，「人格の完成」をめざして成長・発展していくこと）の保障としての「学習権」「教育権」を「自治基本条例」に謳い，制度化していくことが，筆者が主張する「自治体社会教育」の創造を広げ，確立していく鍵と考える．

2．3つの町の自治基本条例と「まちづくり権」

本著で紹介してきた八雲町，白老町，ニセコ町では，協働のまちづくりの取り組みの成果として，それぞれ自治基本条例を制定してきた．はたして，3つの自治基本条例は，上記のような「まちづくり権」をどのように扱っているのであろうか．

(1) 3つの自治基本条例の比較

最初に，第4章第3節（1）で整理した「自治基本条例」の評価基準・比較基準をもとに，ニセコ町まちづくり基本条例と八雲町および白老町の自治基本条例について，条文を比較していく．それぞれ関係条文（タイトル）を整理したのが，表5-1である．

まず①情報共有について，全国で最初に策定したニセコ町（2001年4月1日施行）では，まちづくりの大切な基盤が「情報共有」だとして，まちづくりの基本原則として「情報共有の原則」を明記している．さらに，第3条～第8条で情報共有のためのしくみを強化している．白老町（2007年1月1日施行）でも，「情報共有の原則」を明記し，「情報共有の基本事項」を第6条～第8条で掲げている．八雲町（2010年4月1日施行）でも，「情報共有の原則」を掲げている．そして，「情報共有」について第5条～第12条で取り上げている．

②住民参加については，ニセコ町では，まず「まちづくりの基本原則」として「参加原則」を掲げ，「町民の参加を保障する」としている．さらに，「まちづくりへの参加の推進」として「まちづくりに参加する権利」を掲げるとともに，「まちづくりに参加する権利の拡充」として，参加の段階を絶えず拡充していくことをめざしている．白老町では，「町政参加の推進」を掲げ，「参加機会の保障」と「町政活動への参加」を進めている．さらに，「町民の基本事項」として，「町民の役割と基本姿勢」「町民の権利」を掲げている．八雲町では，「町民参加と協働」として「町民参加の基本」「町民参加の推進」等を第13条～第18条で掲げている．さらに「町民」では，「町民の基本姿勢と役割」と「町民の権利」でも取り上げている．

③子どもの参加については，ニセコ町では，「まちづくりへの参加の推進」の中で「満20歳未満の町民のまちづくりに参加する権利」を掲げている．具体的には，子どもたちの参加を目的に「小学生・中学生まちづくり委員会」および「子ども議会」を設置し，さまざまな活動が行われている．白老町では，「総則」の「定義」で「(1) 町民　町内に住み，働き，学ぶ子どもから高齢者や町内で事業活動を営む者をいいます」として，子どもも町民の中に含めており，町民として子どもが参加することは，第3章「住民参加」および第4章「町民」と同様な権利があるといえる．八雲町では，「町民参加と

表 5-1　3 つの自治基本条例の比較

	ニセコ町	白老町	八雲町
①情報共有	第 2 章　まちづくりの基本原則 第 2 条　情報共有の原則 第 3 条　情報への権利 第 4 条　説明責任 第 6 条　意思決定の明確化 第 7 条　情報共有のための制度 第 8 条　情報の収集及び管理	第 2 章　情報共有 第 1 節　情報共有の原則 第 4 条　情報共有 第 5 条　情報公開 第 2 節　情報共有の基本事項 第 6 条　説明責任 第 8 条　選挙	第 1 章　総則 第 4 条　基本原則 第 2 章　情報共有 第 5 条　情報共有の基本 第 6 条　情報提供 第 7 条　説明責任 第 8 条　情報公開 第 9 条　個人情報の保護 第 10 条　町民の意見 第 11 条　情報の収集及び管理 第 12 条　会議の公開
②住民参加	第 2 章　まちづくりの基本原則 第 5 条　参加原則 第 4 章　まちづくりへの参加の推進 第 10 条　まちづくりに参加する権利 第 13 条　まちづくりに参加する権利の拡充	第 3 章　町民参加 第 9 条　町政参加の推進 第 10 条　参加の機会の保障 第 11 条　町政活動への参加 第 12 条　町民の役割と基本姿勢 第 13 条　町民の権利	第 3 章　町民参加と協働 第 13 条　町民参加の基本 第 14 条　町民参加の推進 第 15 条　町民参加の方法 第 16 条　提出された意見等の取扱 第 17 条　審議会等の運営 第 18 条　協働の推進 第 5 章　町民 第 21 条　町民の基本姿勢と役割 第 22 条　町民の権利
③子どもの参加	第 4 章　まちづくりへの参加の推進 第 11 条　満 20 歳未満の町民のまちづくりに参加する権利	第 1 章　総則 第 2 条　定義 ＊町民に子どもを含む	第 3 章　町民参加と協働 第 13 条　町民参加の基本 ＊年齢にふさわしい方法により，町政に参加できる
④育てる条例	第 15 章　この条例の検討及び見直し 第 57 条　この条例の検討及び見直し	第 7 章　最高規範として見直し 第 36 条　条例の見直し	第 11 章　条例の見直し 第 48 条　条例の見直し 第 49 条　八雲町民自治推進委員会

出典：筆者が作成.

協働」の中で「町民参加の基本」として,「5 満20歳未満の青少年及び子どもは,次世代の担い手として,それぞれの年齢にふさわしい方法により,町政に参加できるものとします」としている.

④育てる条例については,ニセコ町では,「この条例の検討及び見直し」として「この条例の施行後4年を超えない期間ごとに」検討していくことを定めており,「町民が将来にわたり育てていく条例」として位置付けている.すでに,2005年12月に1次見直しを,2010年3月に2次見直しをそれぞれ終えている.白老町では,「条例の見直し」として「5年を超えない期間ごとに」検討するとしており,すでに2012年6月に第1次改正が行われている.八雲町では,「条例の見直し」として「町長は,この条例の施行後4年を超えない期間ごと」に検討するとし,「八雲町民自治推進委員会」で,条例の見直しをすることとしている.しかし,まだ一度も条例の見直しは行われていない.

これらを踏まえて,3つの町の自治基本条例を比較すると,①情報共有では,情報共有か情報公開かの視点からは,ニセコ町はまちづくりの基盤が「情報共有」だとし,「情報共有の原則」を明記している.白老町は「情報共有」と「情報公開」を併記している.八雲町でも,「情報共有」は明記されているが,その内容は「情報提供」「説明責任」「情報公開」等となっており,「情報公開」に重きを置いているように見える.②住民参加では,町民の参加度が参集・参与・参画のいずれかという視点で比較すると,ニセコ町では,町民が「まちづくりの主体」と位置付けられ,「参加する権利の拡充」が謳われており,参集・参与・参画へと参加の段階を絶えず高めていこうという姿勢が見られる.白老町では,町民が町政に「参加する権利を有します」と明記されているが,参加度については読み取れない.八雲町では,町民が「まちづくりの主体」と位置付けられ,町民が町政に「参加する権利を有します」と明記されているが,こちらも参加度については読み取れない.③子どもの参加ついては,3つの町とも表現は異なるが,その参加を位置付けている.ニセコ町と白老町では,「参加する権利」を掲げているが,八雲町では「参加できるものとする」に留まっている．④育てる条例になっているかどうかについては，3つの町とも4年〜5年での「見直し」を位置付けている．ニセコ町と白老町は，すでに見直しによる改正を行ってきているが，八雲町ではまだ見直しは行われていない．

このように4つの視点から比較すると，筆者は3つの中でニセコ町の条例が最も優れた条例であると評価している．

(2) 自治基本条例と「まちづくり権」

次に，上記3つの自治基本条例は，「まちづくり権」をどのように扱っているか考察していく．

まずニセコ町の条例には，「まちづくり権」という用語は使われていない．しかし，「まちづくりは，町民一人ひとりが自ら考え，行動することによる『自治』が基本です」（前文），「まちづくりにおけるわたしたち町民の権利と責任を明らかにし，自治の実現を図ることを目的とする」（第1条「目的」），そして「情報共有の原則」（第2条），「情報への権利」（第3条），「まちづくりに参加する権利」（第10条）等の条文があり，町民に「まちづくり権」があることを規定していると理解することができる．

白老町の条例にも，「まちづくり権」という用語は使われていない．第13条「町民の権利」に「町民は，町の保有する情報について知る権利を有するとともに，自主的な活動に取り組み，かつ，町政に参加する権利を有します」と書かれている．これを町民に「まちづくり権」があると理解するかどうかであろう．

八雲町の条例にも，「まちづくり権」という用語は使われていない．第4条「基本原則」に「私たちは，次に掲げる原則に基づきまちづくりを推進します．(1) 町民主体の原則　町民は，まちづくりの主体であり，まちづくりの一部を議会及び行政へ信託します」とあり，町民はまちづくりの主体と言いながら，一部を他者へ信託することが書かれており，第8条「情報公開」の「町民は，町政に関する情報の開示を求める権利を有します」からも，その権利性が低く位置付けられていると感じる．

このように比較してみると，木佐茂男が主張する自治体の「まちづくり権」は，ニセコ町まちづくり基本条例では，自治体の団体自治としての「まちづくり権」のみならず，住民自治としての「まちづくり権」も位置付けられていると考えられる．木佐自身もその策定過程に関わっていることもあり，当然かもしれない．しかし，白老町や八雲町の条例は，特に八雲町の条例では，「まちづくり権」という考え方を検討した形跡は見られない．

先に筆者は，「まちづくり権」を保障するために地域住民の「学習権」「教育権」を保障することの必要性と，自治体立法として「まちづくり権」のみならず「学習権」「教育権」を自治基本条例に謳い，制度化していくことの重要性を論じた．

したがって，ニセコ町まちづくり基本条例は「まちづくり権」を位置付けた自治基本条例ではあるが，さらに十全たりうるためには，「まちづくり権」(「情報共有」の権利と主体的な「住民参加」の権利の二本柱）を支えるため，住民自身や自治体職員，そして協働のまちづくりのための「学習権」「教育権」への「自治体の責務」と「住民の責務」を明文化していくべきであろう．そのことによって，阿部昌樹が指摘した「集団的アイデンティティの構築を企図した，アイデンティティ・ワーク」の効果が増大していくと考える．

今日の課題

ニセコ町まちづくり基本条例と八雲町および白老町の自治基本条例について，条文を比較して，それぞれの特徴を説明し，どこが優れているか評価してください．その際，比較の視点として「①情報共有」＝情報共有か情報公開か「②住民参加」＝町民の参加度は，参集・参与・参画のいずれか「③子どもの参加」について④「育てる条例」かどうか，の4点について比較して評価した上で，総合的な評価（最も優れているのは○○町である）をしてください．

参考文献

内田和浩『「自治体社会教育」の創造［増補改訂］』（北樹出版，2011）
木佐茂男編『〈まちづくり権〉への挑戦』（信山社，2002. 6）
阿部昌樹『自治基本条例　法による集団的アイデンティティの構築』（木鐸社，2019）
ニセコ町まちづくり基本条例　https://www1.g-reiki.net/niseko/reiki_honbun/a070RG00000379.html
白老町自治基本条例　http://www.town.shiraoi.hokkaido.jp/docs/2013012200069/files/jyourei.pdf
八雲町自治基本条例　https://www.town.yakumo.lg.jp/uploaded/attachment/3135.pdf

第２部　リーダーのライフヒストリーから見た地域づくり

第2部は，近年北海道の市町村で展開している地域づくりの実践がなぜそのように展開できたのか，そのリーダーたちのライフヒストリーから理解してもらいたいと考えて設定したものである.

各章は，筆者がこれまで13年間担当してきた経済学部の地域社会論ゼミで実施している地域研修における報告がベースになっている. したがって，各章は当時の学生たちとの共同作品といえる.

地域社会論ゼミは，経済学部地域経済学科の2年生，3年生が参加する専門ゼミナールであり，1年生時に地域社会論I・IIを受講して興味を持った学生が参加している. また，ゼミ生は全員社会教育主事課程も履修している. ゼミでは，毎年テキスト学習から社会調査の手法（量的調査と質的調査）を学び，夏休み中に実施する地域研修で具体的な自治体を訪問し，地域調査を行っている. 2泊3日の地域研修は，隔年で質的調査を行い，それぞれのまちづくりのリーダー3人へ聞き取り調査（ライフヒストリー調査）をする. 聞き取り調査は初日に約2時間，2日目はテープ起こしをして，聞き残したことをグループごとに確認し，3日目に再び補足的な聞き取り調査を約2時間行う. 合計約4時間の聞き取りは，後期のゼミ開始前まで全てテープを起こし，克明なトランスクリプトを作成し，後期のゼミで分析していく. 分析作業の中で，意識の変化が聞き取れていなかったり，事実確認が必要だったりと，その後も電話やメール等で追加の調査をリーダーたちにお願いしてきた. そして，最終的にリーダーたちの地域づくりの主体形成過程を筆者が定義してきた学習過程（意識変革）をもとに整理分析し，ゼミ誌で報告している.

したがって，第2部は，第1部で取り上げた八雲町，白老町，ニセコ町のリーダーたち（地域住民・自治体職員）と比較しながら読み進んでほしい.

第6章は，2012年度1部地域社会論ゼミで行った「上士幌町の『ぬかびら源泉郷再生』」，第7章は，2014年度同ゼミでの「浦河町の地域づくりリーダー」，第8章は，2016年度同ゼミの「留萌市の『三省堂を応援し隊』」，第9章は，2018年度同ゼミの「平取町の『ニシパの恋人』」，第10章は，2020年度2部地域社会論ゼミの「栗山町の『ハサンベツ里山づくり』」である.

それぞれの調査・分析は，その年度ごとの学生の力量にも影響され，整理の仕方もばらばらであるが，できるかぎり筆者が加筆して，書式を整えた.

第6章
上士幌町の「ぬかびら源泉郷再生」

1. はじめに

上士幌町（かみしほろ）は，札幌から車で3時間半のところにあり，帯広からは1時間くらいかかる十勝総合振興局北部にある大雪山のふもとの町で，標高1,967mの石狩岳をはじめとする多くの山岳に囲まれている．町内の約76%が森林地帯で自然豊かな町である．南北に長い地形で，北部は山岳地帯，南部は平野が広がり，畑作地帯となっているところが多い．

面積は694.09km^{2}で，町内には音更川（おとふけ）が流れている．上士幌町全体の人口は，2012年当時5,088人で，毎年数百人の単位で人口が減少していた．しかし，ここ数年はふるさと納税による子育て支援施策が成功して，子育て世代の移住が増え，人口は微増または横ばい傾向となっている（2021年2月末現在は4,951人）．

農業や酪農が盛んで，主に小麦や豆類・馬鈴薯・てんさいなどの生産が多い．主な観光名所では，航空公園で行われるバルーンフェスティバルが有名で，日本国内にとどまらず海外からも参加者が来るほどの大きなイベントである．他にも，旧国鉄のコンクリートアーチ橋やナイタイ高原牧場などがある．

ぬかびら源泉郷は，上士幌町の北部にあり市街地から30kmほど離れている．1987年の国鉄上士幌線廃線などによる温泉街衰退の中，9軒のホテル・旅館・ユースホステルおよび数軒の飲食店等が温泉街を形成し，それぞれの旅館・ホテルで日帰り入浴が可能な湯めぐり手形を販売したり，旅館組合の主催で毎朝熱気球の体験搭乗や「源泉かけ流し宣言」など，地域活性化への取り組みを積極的に行っている．

以下，2012年当時のゼミ誌である『地域再生への道を探る（第5号)』をもとに，上士幌町のぬかびら源泉郷再生とリーダーのライフヒストリーを明らかにしたい．

2．ぬかびら源泉郷再生への推移

(1) ぬかびら源泉郷のあゆみの概要

ぬかびら源泉郷は，かつて糠平（ぬかびら）という地名であった．表6-1は，学生たちが事前調査や収集した資料，そしてリーダーたちからの聞き取り調査をもとに作成した糠平温泉のあゆみの概要である．

(2) 糠平の最盛期と衰退期

1960年代～1970年代の糠平は，たくさんのバスがやってきてどこの宿も満室という状態で，最も栄えていた時代だった．

1980年代には，次第にバスの本数が少なくなり，1987年には国鉄上士幌線（帯広～糠平）が廃止になるなどの影響も受けたが，糠平と層雲峡を結ぶ三国峠の改修工事が始まり，その工事関係者が利用していたということもあって客は減ったものの，旅館の経営は安定していた．

しかし，1994年に三国峠の工事が終わると客はどんどん減っていき，バブル崩壊が追い打ちをかけたことで，多くの旅館が非常に厳しい状況に追い込まれた．ここから，糠平の冬の時代がはじまった．

そんな時代の中，オーナーたちの努力によって，糠平は「ぬかびら」へと再生を果たしていく．

「ぬかびら」再生への立役者の１人で，改革の中心人物でもあったＳ荘オーナーのＫさんは，生まれも育ちも糠平で，根っからの糠平っ子だった．

糠平の全盛期から衰退期まで見てきた彼は，のちに「ぬかびら」再生に向けてさまざまな改革を行った．

学生たちは，まずKさんからの聞き取り調査をもとに，「ぬかびら」再生への取り組みについて以下のように整理した．

1) 改革

ぬかびら源泉郷の旅館の温泉の成分は，源泉がそれぞれ異なることから少しずつ違いが見られる．さらに，洞窟風呂などの個性的な露天風呂がそれぞれの旅館にある．

これに目を付けた旅館のオーナーたちは，2001年に「湯めぐり」と呼ばれるサービスを開始した．これは，ぬかびら源泉郷に宿泊すると，他の旅館のお風呂も無料で利用できるというサービスである．日帰り入浴でも湯めぐり手形を買えば，3か所のお風呂に入ることができ，手形の有効期限がないので好きな時に入浴が可能である．

最初に参加した宿は少なかったが，翌年には増加したという．最初の年に様子を見ていた旅館は，ぬかびら源泉郷の中では大きな旅館で「小さな旅館にたくさんの客が押し寄せたら，迷惑がかかるのではないか」というオーナーの心配があったという．しかし，旅館のオーナーたちが試行錯誤した結果，現在（2012年）では7件の旅館で行われるまでになり，良い結果につながった．

そして，旅館のオーナーたちは「自分達の温泉がいかに素晴らしいか」をわかりやすくするために，2007年に「源泉かけ流し宣言」を出した．源泉かけ流しとは，地面から湧いてきた湯に一切手を加えない温泉をいう．ぬかびら源泉郷はすべての旅館が源泉かけ流し温泉だったので，この宣言ができた．

かけ流し宣言をした温泉街は，当時は全国で11か所しかなく，そのうち北海道では僅か4か所だった．ぬかびら源泉郷は，全国では7番目，北海道では3番目にかけ流し宣言をし，温泉好きから高い評価を受けている．

表 6-1　糠平温泉のあゆみの概要

1919 年	島隆美（湯元館初代館主）が，糠平温泉滝ノ湯（別名湯の元）を発見する
1924 年	島隆美，糠平温泉に 6 坪の湯壺小屋を建てて開業する（糠平温泉の始まり）
1925 年	糠平館（現・糠平館観光ホテル）創業
1929 年	温泉旅館福島屋（現・糠平温泉ホテル）創業
1931 年	士幌村から上士幌村が分村
	富士見館（現・富士見観光ホテル）創業
1934 年	大雪山国立公園が指定される
1940 年	この時点での糠平温泉の概要　旅館 11 戸　その他 1 戸
1941 年	糠平国民学校（後の糠平小学校）開校
1943 年	上士幌スキークラブ結成（糠平温泉山の火防線をスキーコースとする）
1946 年	上士幌町観光協会を設置
1947 年	糠平国民学校を糠平小学校に改称，中学校を併設させる
1948 年	国有林野の火防線をスキー場として本格的に利用
1952 年	この時点での上士幌村の概要　人口 8,849 人戸数 1,574 戸
	糠平温泉の概要　総戸数 20 戸　旅館 8 戸　一般 12 戸（木材労務者など）
1953 年	旅館大雪（現・大雪グランドホテル）創業（2003 年閉館）
1954 年	上士幌が村から町になる
1955 年	糠平ダム（発電所）の完成・灌水開始，糠平湖が誕生
	糠平湖の水圧によって糠平温泉の湧出量が豊富になる
	糠平小中学校が水没・移設
1955 年	上士幌町人口が 13,608 人に（町史最高の人口，ダム着工による）
1956 年	糠平発電所完成
1958 年	糠平温泉組合設立
1959 年	この時点での糠平温泉の概要　総戸数 72 戸　旅館 10 戸
1960 年	ホテル山湖荘創業
1962 年	大雪グランドホテルで火災発生，ホテルのほか商店 2 戸が全焼
	十勝岳噴火 - 糠平に火山灰が降る
1963 年	幌加ダム着工
1964 年	糠平温泉観光開発株式会社設立，糠平湖畔の整備計画を立てる
1965 年	幌加発電所が完成
	糠平温泉観光開発株式会社が糠平湖に遊覧船「ぬかびら丸」を就航
1966 年	糠平温泉協同組合設立
1967 年	北海道百年記念事業開始（東大雪青少年の村博物館・キャンプ場・スキー場）
	様平温泉観光協会設立
	糠平・清水線道路（パールスカイライン）全線開通
1968 年	この時点での糠平温泉の概要　総戸数 87 戸　旅館 10 戸
	第 1 回「糠平温泉スキーまつり」（後の糠平温泉まんがスキー祭り）が開催（以降，毎年実施）
	糠平の僻地保育所が開設された
1969 年	一般道糠平上士幌線ほか 5 路線をつなぎ，国道 273 号線に昇格
1970 年	北海道百年記念事業「ひがし大雪博物館」が糠平に誕生する
	糠平貯木場跡地に国営野営場（キャンプ場）開設
	上士幌町，糠平中央園地の整備を行う

1971年	国道273号線道路の三国トンネルが完成
1972年	国道273号線道路開通（糠平～層雲峡）
1973年	糠平温泉への自衛隊宿舎受け入れに賛成・反対の署名合戦が起きる
	糠平温泉スキー場管理運営協議会設立
1974年	糠平診療所の医師退任のため，糠平・三股への出張診療が実施
1976年	ぬかびら太鼓がデビューした
	十勝三股の人口がゼロとなった（後に2戸が常住する）
1977年	糠平サイクリングロード1期舗装完成
1978年	糠平館観光ホテルで火災発生，住宅の一部を焼失
	国鉄上士幌線（糠平～十勝三股）が廃止され，代行バスが開始された
1979年	第1回糠平湖氷上タイムトライアルが開催された（以降毎年実施）
1981年	自然公園制度50周年を記念して「国立公園クリーン作戦」が実施され，上士幌町では糠平湖で「第1回クリーン大雪運動」が行われる（1983年からは「クリーン大雪キャンペーン」に，1987年からは「父通安全・愛鳥・クリーン大雪キャンペーン」に変更）
1982年	糠平温泉スキーセンター建設
1984年	田中康夫氏が十勝三股にログハウス（三股山荘）を建設－冬季のロングランイベントとして「'85クリスタルカントリー・イン・ヌカビラ」を開幕した（以降毎年実施）
1985年	大雪グランドホテル，会社更生法の適用を申請・受理される（経営難）
	糠平湖でウインドサーフィンが盛んになる
1986年	糠平湖畔で「糠平湖じゃぼんフェス'86」が開催される（以降毎年実施）
1987年	国鉄上士幌線（帯広～糠平）の鉄道が廃止され，代行バスが開始された
	糠平温泉で観光客へのサービスとして熱気球係留・熊舞いを始めた
	国道273号線道路の三国峠の改良・舗装工事が始まる
1988年	糠平駅跡地に鉄道資料館が建設された
	帯広～糠平で「ファミリーラリークイズ」を糠平観光青年会が実施
	糠平中央園地内にパークゴルフコースが開設
	十勝岳が噴火，火山灰が糠平に降った
1989年	糠平ネイチャークラブ，観光客対象のネイチャーウォッチングを始める
1990年	この時点での上士幌町の世帯数2,190戸人口6,676人
	糠平温泉の概要　世帯数90戸　人口214人
1994年	国道273号線道路の三国峠の改良・舗装工事が完成し，通年通行が可能となる
2002年	湯めぐり・味めぐり開始
2004年	湯めぐり参加旅館が増加
2007年	源泉かけながし宣言
2009年	地名が糠平からぬかびら源泉郷へ変更される

2) 地名変更

以前から糠平の糠という字が砂糖の“糖”の字によく間違えられ「とうびら」と呼ばれてしまうなど，なかなか地名を覚えてもらえなかった．そこで2009年にこの問題の解決策として，漢字の糠平からひらがなの「ぬかびら」

に変え，さらに源泉郷がくっつく形となって「ぬかびら源泉郷」と地名を変えたのだった．ぬかびら源泉郷は温泉街の名前でもあり，正式な地名でもある．

これが実行されるまでには，約 20 年もの長い歳月がかかった．住民票や運転免許書など住所の書かれているものを全て変更する必要があり，住民全てが納得するまでに時間がかかったことが理由である．

3) 火曜会の存在

まちづくりの新しいステップとして，重要な存在とされているのが火曜会の存在である．火曜会とは，2011 年から始まったもので，I さんを中心としたぬかびら源泉郷の若者達が火曜日に集まる座談会である．メンバーは旅館の跡継ぎや郵便局の職員，学校の先生などとさまざまな人達で，今後のぬかびら源泉郷を盛り立てていくためのお祭りの企画や運営を行っている．

偶然ではあったが，地域研修の 1 日目が火曜日だったため，火曜会に参加することができた．火曜会のメンバーの皆さんは，学生たちを温かく迎えてくれた．組織としての上下関係はあるものの，お互いの立場を気にすることなくお酒を片手にわきあいあいといった雰囲気で，それぞれがぬかびら源泉郷への理想を持ち真剣に考えていた．

4) まとめ

現在のぬかびら源泉郷に至ったのは，温泉旅館のオーナーたちの不断の努力が実を結び，さらにその活動を地域の住民や役場がサポートしてくれたことが大きな原動力だといえる．

そして，火曜会を筆頭に温泉組合だけの地域づくりから，ぬかびら源泉郷全体の地域づくりへと変わろうとしていることがわかった．

地名が変わり，若い人達の活躍も目立ってきた「新生ぬかびら」は今後どのようなまちづくりが行われるのか，引き続き注目していきたい，と当時の学生たちは記している．

3. リーダーのライフヒストリー

地域研修で学生たちが行ったリーダー層へのライフヒストリー調査では，以下の３人に２回の聞き取り調査をした．

・Ｋさん（50才）：ぬかびら源泉郷Ｓ荘社長，ぬかびら温泉郷旅館組合事務局長

・Ｉさん（36才）：ぬかびら温泉郷スキー場総支配人，Ｎホテル取締役

・Ｎさん（35才）：上士幌町役場商工観光課職員，上士幌町観光協会事務局

筆者は，成功しているといわれる地域づくり実践においては，３種類のリーダー層がいると考えている．１つは，誰でもが認めるその地域のリーダーであり，「あの人がいるから」と言われるリーダー層である．もう１つは，「あの人」に対して「もう一方のリーダー」とか，「次の世代のリーダー」とか言われるリーダー層である．そして，３つ目は，それらのリーダーたちの活動を支える役場職員とか商工会や観光協会，農協等の職員（地域関連労働の担い手）であり，上記２種類のリーダーたちから，「あの人が支えてくれたから，やってこられた」といわれるリーダー層である．

本章では，このうち１つ目のリーダーであるＫさんのライフヒストリーを紹介する．

(1)　Ｋさんのライフヒストリー

1)　糠平への帰郷〜子どもが生まれるまで

Ｋさんは，家業が温泉宿（Ｓ荘）であり糠平で生まれ育った．観光客の減少を目の当たりにして生活しており，糠平出身であり家業が温泉宿であることにコンプレックスすら抱いていたという．

その思いは，高校卒業後，札幌へ行った時も変わらなかった．そして，Ｋさんが家を出てから数年後，父が病に倒れたことでＳ荘は母と従業員数人のみでの経営を強いられることになり，Ｋさんは母を心配して帰郷すること

を決めた．K さんは，「僕は，ここの地域を（中略）ある種の劣等感っていうかそういう気持ちがあったので，ここを継ごうとは全然思ってなかった」と語っている．このように，帰郷直後の K さんに S 荘を継ぐ意思はなく，また糠平に劣等感のような気持ちを抱いていた．その後，K さんは S 荘をやはり継ぎたくないと考え，札幌に戻った．

しかし，その後 K さん自身が身体を壊したことで，糠平に帰郷せざるをえない状態になった．この時 K さんは，糠平との間に因縁を感じ，糠平に残ることを決意したという．K さんの中で，糠平と S 荘に対する考え方が変わったといえる．

帰郷を決意し糠平に戻ってから，当時は観光客が減少傾向にあったため，S 荘の経営のみでは生活が困難であった．そのため，S 荘では日中は蕎麦屋，夜は居酒屋も経営した．K さんは，それらの手伝いをしていたが，帰郷してから約 2 年後の 1987 年，三国峠の舗装工事があったため，その工事関係者が S 荘を利用するようになり，K さんもその舗装工事のバイトをするようになった．

1988 年，当時 26 歳の K さんは，糠平の地名変更を構想した．それは，漢字の「糠平」からひらがなの「ぬかびら」にすることで，認知度を上げようというものであった．しかし，地名変更は住民票などの数多くの書類を変更する手間があったため，その時は実践されることはなかった．

同年，糠平温泉スキー場が，リニューアルオープンした．セレモニーが開催され，K さんは参加していた帯広出身の女性と出会って意気投合し，その後 6〜7 年の交際期間を経て 1994 年に結婚した．そして，結婚を機に S 荘を続けることを決めたが，次第に経営が厳しくなっていった．そこで，当時続けていた蕎麦屋を本業にすることを決めて他に物件を探すが見つからず，S 荘を宿として継続することを決意したという．この決意は，K さん自身が「これまでに宿でできることを全てやったのだろうか．まだ宿を諦めるのは早いのではいないのか」と，宿から自分自身が逃げているように感じたため，継続を決意したのだった．そして，1997 年 K さんが 35 歳の時，長男が誕生した．学生たちはここまでを，Ｋさんの「青年期」としている．糠平や温泉宿にコンプレックスを持ちながら，糠平に帰ってきて糠平の温泉宿の経営者として生きていこうと決意するまでのＫさんの葛藤や悩みを整理している．

2)　危機感から「この街をなんとかしなくては」へ

子どもが誕生し，自分と家族の現状に危機感を抱いたことで，Ｋさんは将来に不安を感じ，Ｓ荘の温泉宿としての経営に真剣になっていった．そして，当時他所から宿をやりたくて糠平に来たユースホステルの主人と出会い，Ｋさんは「宿に対する真剣な考え方に刺激を受け，なんとなく継いだような状態から，ちゃんと宿を一生懸命やっただろうか．自分の考えている糠平からの脱出は，逃げではないか」と考えるようになったという．ここに，Ｋさんの宿に対する思いの変化があった．

夜のみ経営していた居酒屋も辞めて，地域青年会にも復帰し，経営に本気で取り組むようになっていった．そしてＫさんは，登山客に少しでもおいしい山の幸と温かい温泉を提供しようと，登山客に客層を絞った企画を開始した．「泊ればビール無料券」などチラシを片手に，札幌・東京・大阪の登山ショップや北海道の山岳ガイド協会を営業に回ったという．

工事関係者の撤退による客の大幅な減少により，糠平の温泉宿の中で一番つぶれそうで危なかったＳ荘は，「大丈夫なのか」と心配されたが，やがて「Ｓ荘は登山客」のイメージができるほどになっていった．この頃，Ｋさんは経営の一部を先代より受け継ぐことになった．そして，登山客が訪れるようになってくると，Ｋさんは「綺麗なお風呂でお客さんを迎えたい，今のままのお風呂では収容人数的にも限界がある．何とかしないと来てくれはじめたお客さんも離れてしまう」と考え，改修工事のために融資先を回って，信用金庫の支店長と出会った．そして，経営への真剣さを支店長に気に入られ，融資を受けることができたという．

また，囲炉裏の設置やさまざまな種類の浴衣・箸の中から好きな物を客に選んでもらったり，色とりどりのカゴを設置したりするなど，宿も工夫するようになった．それまで，宿に関することは家族に意見を求めていたが，それはあくまで宿側の都合からの意見で，客側からすれば逆なのではないかと考え，家族が反対すれば実行，賛成すれば不実行という考えが生まれ出していった．

このようにKさんは，家族のことだけでなくS荘の経営についても考えられるようになっていった．しかし，自分の宿だけで変えていくことにも限界があり，やがて「この街をなんとかしなくては」という考えが生まれていったという．

また，この時期には役場との関わりはほとんどなく，役場が提案することとKさんたちの要望がかみ合っておらず，言い合いをしているような状態であったという．

学生たちは，この時期にKさんは，「B（地域づくりに対する限定された協同的意識）」を形成したとしている．

3) 湯めぐり企画開始～地名変更

糠平の個々の宿だけでは，他の地域の大型温泉宿には太刀打ちできないが，大きな温泉街とは違う方向を向いて，「ぬかびら」を1つにすれば，やりようによっては客にわかってもらえるようになると考え，Kさんが取り組み始めたのが「湯めぐり」「味めぐり」をはじめとしたさまざまな企画であった．

「湯めぐり」企画の開始当初は，S荘の他にユースホステルやN屋が参加しており，やがて他にもペンションFOやNOホテルなども徐々にこの湯めぐり企画に参加するようになって輪が広がっていった．NKホテルのような大手宿も後に参加するようになったが，最初からこの企画に参加しなかったのは，何十人ものお客さんを他の小さな宿にいっぺんに行かせてしまえば迷惑になるのではないか，という心配があったためだった．

こういった試みによって，個々の宿という単位を超えた取り組みが広がっていき，最終的には温泉街全ての宿での取り組みである「源泉かけ流し宣言」へとつながっていった．

このような試みが実現できた背景には，役場との関係が改善されていったこともある．温泉街と役場の窓口的ポジションにNさんの前任者であるSさんが就いたことで，やがてNさんと交代して2012年に至るまで，温泉街側からの「こういうことがしたい」という意見に乗ってくれたり，温泉街側の意思に協力してくれたりしたという．役場と意思疎通が，十分に図れる状態が続くようになったのである．

地名を漢字の「糠平」から平仮名の「ぬかびら」に変える地名変更の構想が実現したのも，このように役場との協力関係が生まれたためだという．

学生たちは，この時期にKさんは，「C（地域づくりに対する市民としての協同的意識)」を形成したとしている．

4) 上士幌町ぬかびら源泉郷――上士幌町の「ぬかびら」として

2009年，Kさんが構想してから20年という長い期間を経て，「糠平」から「ぬかびら」への地名変更の構想が実現した．地名の変更により「ぬかびら」の名が読みやすく親しみやすくなり，「湯めぐり」「味めぐり」から始まった「ぬかびら」の再生への改革はいったん落ち着きを見せたという．

この時期を，Kさんは「大きな仕事（地名変更までの一連の構想と改革）をして，そのあとは何とか（現状を）キープして，次の展開はどうするかを考える，充電期間のような時期」という．充電期間は，2009年から2011年までのおよそ2年間のことである．

充電期間の前の2007年にはNKホテルの後継者Iさんが，充電期間中の2009年にはペンションFOの経営者Mさんが帰ってきた．IさんもMさんも，帰郷してから1，2年は自分の宿のことを勉強したり，仕事が忙しかったりしたが，2011年の春には大分仕事に余裕ができ始めたため，そろそろ若い人たちで動き始めようと，Kさん，Iさんが活動していたところに，Mさんを加えて3人で活動を始めた．この活動が，現在の「火曜会」につながっていく．

火曜会の参加者は，温泉宿の経営者のみならず，ぬかびら源泉郷に住んでいる若い人，たとえば教師や郵便局員やスキー場従業員などである．火曜会の活動は，飲み食いしながら雑談しつつ，ふと思いついた発想を話しあい，「じゃあ，それをやるには何が必要かな」とお互いに考えて，可能ならば実行をめざす形にしていくことである．Ｋさんは，「若い人たちが行うとフットワークが軽く，頭が固くないのでとりあえずやってみよう，何とかしてみようということになる」という．そして火曜会のまとめ役として，自分が登山客を呼ぼうと企画したときのように，上から押さえつけたり「ダメだ」といわないように，若い世代には自由にしてもらいながら，一緒に進んでいこうとした．

火曜会の活動に，Ｋさんより上の世代が関わっていないのは，年を取ると色々な経験があり，頭で考えて良い悪いを判断し，整理してやることとやらないことを分けてしまうからであり，やる前から無理だと判断しがちで「待った」がかかるからだという．火曜会では，上の世代を説得する，もしくは一緒にやるというよりも，若い人たちだけで時間と労力を使って，上の世代には無理だと判断されるようなことをやっている．つまり，上の世代とまた違った角度から活動することで，ぬかびら源泉郷全体の活性化につなげようとしているのである．Ｋさんは，「上の世代がやれる仕事と若い下の世代がやる仕事とは，少し意味合いが違う」という．Ｋさんは，上の世代である前の経営者たちとＩさんやＭさんらの若い世代の中間にいるが，どちらにも所属している．両方の参加は身体面では辛いこともあるが，上の世代がやれる大きな相対的な話は楽しいし，若い世代と今をどうしようかと考えるのも楽しい．

火曜会でそれまでに行った活動は，2011 年に源泉郷祭にあわせて屋台村を開くということだった．これまでぬかびら源泉郷にはお祭がなく，地元の人々が集まれるイベントを作ろうとしたのがきっかけで，「源泉掛け流し宣言」をして地名がぬかびら源泉郷になった６月１日に合わせて源泉郷祭を開催した．2012 年は少し日程がずれたが，祭りにあわせて屋台村を開くことで，地元や観光客に楽しみを提供した．これを行おうと話しあい，地域の人々に協力を仰ごうとしたのが火曜会での活動であり，屋台村は次年度も行ってだんだん成長させられるようにと，Kさんは考えていた．このように，屋台村をやってみることやキャンドルナイトを企画することなど，簡単にできることは思い立ったらすぐやってみようという感じで，火曜会参加者の結束力は高い．

ただ，時間がかかることや構想と議論を重ねなければならないこと，説得しなければならない企画は，火曜会だけではなく，全会一致制から多数決制になった旅館組合や，役場と調整を重ねて，合意に持ち込んでいる．

役場との関係では，これまでのぬかびら源泉郷の温泉宿だけを考えて行動してきた頃とは変化してきている．若い世代と一緒に，源泉郷内のことだけではなく，「上士幌町の中のぬかびら源泉郷」として考えて活動していくことにより，役場もサポートする体制をとってくれるようになったのである．前任の観光課のSさんは，「ぬかびら源泉郷は，雰囲気や姿勢が以前とは違う」と話しており，Kさんの意識のありようが変化したことがわかる．2012年現在の観光課のNさんとは，火曜会に参加してまちづくりや熱気球の話をしたり，気軽に温泉に入りにきたりと，良好な関係を築いている．Nさんは，普段の付き合いも含めて，Kさんたちの意思を優先して考え，応援してくれるという．Kさんは，「Nさんとは，補い合いながら活動していきたい」という．

学生たちは，この時期にKさんは，「D（地域づくりに対する公共的意識）」を形成したとしている．

5) 今後のぬかびら源泉郷

Kさんは，今後のぬかびら源泉郷について「北海道で温泉ブームが来たとかいうのとは別に，地域の力で伸びる温泉地は，ぬかびら源泉郷だと思っている」という．「努力もこれからも必要で，仲間も増やしていかなければならないが，100年続くような温泉街にしていきたい」ともいう．さらに，「こういうことがあったから，今はこんなに栄えているという地域ではなく，なぜお客さんがそんなに居るのかわからない，というような地域になりたい．何が決定打かわからないけれど，お客さんの心に残るような地域になりたい．そうやってぬかびら源泉郷は強い温泉街になっていく．それをめざしていきたい」と語っている．

そして，「10年後のぬかびら源泉郷は，また自分で変えていきながら，何かが変わっていて欲しい．10年後も自分は色々考えながらちまちまと活動しているだろうと思う．でも，どうなっているのかわからないけれど，10年後またみんな（ゼミ員一同）と会えたら，今回楽しいですか，という質問をしたみんなに，また楽しいって言いたい．そういう10年でありたい」とも語っている．

ちなみに，Kさんが当時構想して未だ現実していない企画に，ぬかびら源泉郷全ての電灯を短い時間消して，夜空の星々や天の川を見る「ぬかびらプラネタリウム構想」と「子ども達のすれ違い挨拶隊」を立ち上げることが挙げられる．

4. おわりに

Kさんが地域づくりの主体形成を果たしていくプロセスには，第1部で紹介した「自治体社会教育」としての地域づくり教育に見られる意識変革があった．特に「B」「C」「D」の形成過程は，学生たちが指摘したようにはっきりと読み解くことができたと考える．

しかし，ぬかびら源泉郷では，地域づくり教育が意図的に行われていたわけではない．Kさん自身も，そのことを理解して若い世代の意図的な地域づくり教育を組織しているわけではない．結果として，「糠平出身であり家業が温泉宿」だったKさんが歩んできた人生が，地域づくりに自覚的に取り組む必要性を生み出し，そこにIさんら若手の仲間たちとの協同の関係が生まれ，ぬかびら源泉郷という地域づくりへと発展したのである．そのことが「B」「C」の意識を形成させていったといえる．さらに，役場職員であるN

さんらからの支援と協働が，上士幌町という自治体の中のぬかびら源泉郷の発展へと繋がり，「D」の意識を形成させていったのである．

参考文献

『地域再生への道を探る（ゼミ誌第５号）』（北海学園大学経済学部１部地域社会論ゼミ，2013年２月22日）
『上士幌町史』（上士幌町，1970）

第7章
浦河町の地域づくりリーダー

1. はじめに

浦河町は，北海道日高振興局管内の南部に位置し，札幌市から約180キロメートル，車で2時間半から3時間の距離に位置する．町の総面積は，694.25平方キロメートルで，その81%を山林が占めている．人口は，2014年5月現在13,376人（2021年2月末は11,969人）となっている．

町内には，約300の牧場（生産・育成）があり，4,000頭以上のサラブレッドを飼育している．豊かな太平洋がもたらす海洋資源は豊富で，なかでも良質のダシ昆布「日高昆布」やサケ・マス，夏から秋にかけてのスルメイカは特産品となっている．

以下，2014年当時のゼミ誌『地域再生への道を探る（第7号）』をもとに，浦河町の地域づくりの実際とリーダーのライフヒストリーを明らかにしたい．

2. 浦河町の地域づくりの推移

以下は，学生たちが事前調査や収集した資料，そしてリーダーたちからの聞き取り調査をもとに，浦河町の地域づくりの推移を整理したものである．

(1) べてるの家設立

べてるの家とは，1984年に設立された精神障害等を抱えた当事者の地域活動拠点で，そこで暮らす当事者たちにとっては，生活共同体，働く場としての共同体，ケアの共同体という3つの性格を有している．

発端は1978年に，浦河赤十字病院の精神科を利用する統合失調症を抱えた人々による回復者クラブ「どんぐりの会」が，社会進出を目的として浦河教会の旧会堂で一緒に生活をしながら，日高昆布の産地直送などの起業などを通じた社会進出を行うところから始まっている．現在では，海産物や農産物の通販などのいろいろな事業を起こしており，2つの授産施設を持っている．

特徴として，統合失調症が重くなり生活に支障が出てしまうことを普通のこととして捉え，症状をあるがままに受け入れる「べてる流」という理念が看護関係の人々から注目を浴び，たびたび書籍化もされている．

浦河町のまちづくりを考える際に，このべてるの家の存在は見過ごせない．べてるの家の取り組みは当事者研究と呼ばれるもので，精神障害と向き合いながら，自らが抱える病気などの生きづらさに「研究」という視点でアプローチしている．そして，理解を深め対処法を編み出し，実生活のなかで生かしていこうというものである．これは社会教育にも通じることであり，べてるの家の活動と行政の取り組みが相互に作用しあいながら，浦河町のまちづくりを担っている．

べてるの家での活動として，映画「阿賀に生きる」の上映会や『べてるの家の本』の発行などがある．

(2) 国道拡幅工事の要望

1975年頃，浦河町の中心的な商店街を通る国道に対し，交通緩和のために市街地を迂回するバイパス建設の案が提示された．しかし，道内でもバイパスを郊外に通したために商店街が寂れている現状を目の当たりにした浦河町は，地元の商工会議所が中心となってバイパス建設に反対した．このことが契機となり，近年の浦河町のまちづくりがスタートしたと考えられる．バイパス建設という案が持ち上がった時，商店街の店主たちは「交通量が減り，自分たちの商売が立ち行かなくなるのではないか」という不安と問題意識を持ったのである．そして，バイパスを避けるためには現在の国道を拡張する必要があり，そのために国道沿いに店を構える人は一旦店を潰し，道路拡張後に店舗を立て直さなければならなかった．このようなことから，浦河町の商店街のあり方，ひいては浦河町そのもののあり方を見直すことにつながっていった．商工会議所や各種実行委員会等が中心となって，どのような商店街を望むのか議論が交わされ，さまざまな意見が出された．

そして，1985年12月17日，浦河町国道拡張整備の要望書が提出され，1993年から着工し，1998年に完成したのである．

(3) 浦河アカデミー開講

国道拡幅工事から生まれた「自分たちのまちを見直す」という動きの中で，1987年に浦河アカデミーという地域大学のようなものが作られた．発案者の「町づくりは人づくりである」という信念に基づいて，地域の発展を願う住民たちの手によって運営が行われた．

これは，浦河の将来を担う住民たちに，学びの場を提供しようと考えたためであり，年に数回さまざまな業界の著名人を浦河町に招き，講演会を開くというものだった．

浦河アカデミーは，行政の力には頼らず住民の力のみで運営することを指針として掲げ，10年間にわたって活動が続けられた．しかし，会員の減少や高齢化などで世代交代が進まず，1997年に終了となった．「自分たちのまちを見直す」中で，住民自らが学習活動の必要を感じ，実際に行動して10年にわたる継続的な活動が行われたという意味では，浦河町のまちづくりの原点ともいえる．さらに，この活動を通じ，今回ライフヒストリー調査をしたリーダー3人のうちのSさんとAさんが出会っている．

(4) まちづくりのリ　ダ　養成講座開講

浦河アカデミーの活動とほぼ同じ頃，まちづくりのリーダー養成講座と称し，1989年～1996年には後継者養成講座が，1990年～1996年に地域づくり講座が，浦河町教育委員会の主催で開かれた．後継者養成講座は20～34歳の住民を対象に，地域づくり講座は35～60歳の住民を対象としていた．講座では，町内外の地域づくり関係者を講師に迎え，学ぶ機会を提供してきた．

このころになると，初期段階の問題意識を抱えた状態から具体的な学習活動への移行が見られ，浦河町のまちづくりの発展がうかがえる．加えてこの講座で，ライフヒストリー調査をしたリーダー3人のうちのKさんとAさんが出会っている．

このようなまちづくり活動を通じて，キーマンとなる3人がそれぞれ出会ったことは，これから説明していくまちづくり活動の発展と広がりに少なからず影響があったと考えられる．

(5) 総合文化会館・図書館完成

1996年，浦河町に総合文化会館という公共施設がオープンした．建物は，1階には町立図書館が備えられ，4，5階は700名が収容可能な吹き抜けの文化ホールになっている．この施設は，町民にとって文化活動の拠点として有効活用されてきた．なぜこの施設のオープンがまちづくりのポイントになるかというと，これまでに説明した活動によって，住民たちの中にさまざまな活動に対する要求がでてきていた．その要求を受け止め，住民たちの学習活動や文化活動を支える施設がオープンしたという見方をすると，この総合文化会館の存在はとても重要なものになる．

この会館が中心となった活動の1つに，「ルピナスの丘」というミュージカルの公演がある．このミュージカルの特徴は，公演に必要なこと全てを町民が手作りしたことである．その過程は，参加した子どもたちにとっては感謝の大切さを学ぶ機会となり，大人たちにとっては幅広い年齢層やさまざまな職種の人と交流する機会となった．その点で，町全体の人脈の掘り起しのきっかけになったといえる．「ルピナスの丘」は，2000年4月にこの文化ホールで初公演をし，大反響を呼んだ．また，同年8月の札幌教育文化会館の公演でも，満席になるほどの人気ぶりとなり大成功を収めた．

この「ルピナスの丘」は，これまであまりつながりのなかった人たちを結び付け，町全体を巻き込んだ住民活動，まちづくり活動ととらえることができる．これまでの活動や講座で高められたまちづくりに対する意識の向上，併せてオープンした総合文化会館，まちづくりのキーマンとなった人物の出会いなどが積み重なった結果，このようなそれぞれの集団の垣根を越えた住民活動が行われたといえる．

浦河町全体を見る視点に立つと，発展という意味ではこの活動を最後に一段落したように見える．それは，あくまで大きな視点で見た場合であり，スポットを当てれば町内ではさまざまなまちづくり活動が行われていた．

(6)　大黒座サポーターズクラブ開始

次に取り上げるのは，2008年の大黒座サポーターズクラブである．

まず大黒座とは，1918（大正7）年創業の非常に長い歴史を持つ，日高管内唯一の映画館であり，町の文化活動の象徴でもある．大黒座サポーターズクラブは，浦河の町で映画を見続けたい，大黒座を守りたい，映画の灯を浦河から消したくない，そんな思いを持った人たちが集まって結成された．

サポーターズクラブ会員には会員証が発行され，映画を見ると会員証の裏面に判が押され，5個貯まると「お誘いチケット」が発行される．「お誘いチケット」とは，自分で使うのではなく，大黒座に行ったことのない人，大黒座から足が遠のいている人に「大黒座へ行ってね」と誘う券である．その料金は，大黒座サポーターズクラブが支払う仕組みになっている．会員が一般客にプレゼントし，プレゼントされた一般客は無料で映画を観ることができる．

地域住民の自主的な活動や意志に基づいて活動が行われているという点，浦河町の在り方を考え映画館を残そうと決定した経緯などの点から，この活動は重要なまちづくり活動だといえる．この運営には，キーマンも関わっており，これまでのまちづくり活動の積み重ねがあったと考えられる．

(7) 地域デザインカフェの開催

最近のまちづくり活動では，2013年から地域デザインカフェという活動が始まっている．地域デザインカフェとは，『地域の色々についてゆる～く話をする』をテーマに，毎月第1木曜日の19時から開催しているイベントである．町内のさまざまな人が，「カフェマスター」として登場し，地域を元気にする話題や，浦河をもっとよく知るための話題を提供している．たとえば，他の町のまちづくりの話や，小さな商いの話，昔の浦河の様子などである．

この地域デザインカフェは，家と勤め先の間にある第三の居場所「サードプレイス」をつくりたい，という考えから始まった．高齢化が進み，夫婦のどちらかが亡くなり，孤立してしまうことが多くなったり，また，近年，晩婚化で結婚すること自体が遅くなったりしてきている．そういう人たちが，寄りあえる場所が必要になってくる，という考えから，地域デザインカフェはスタートした．この地域デザインカフェは，2014年現在，第23回まで行われた．参加者は20代から60代までの幅広い年齢層で，誰もが参加しやすい場所を目指しているという．

地域研修中に開かれた地域デザインカフェは，「これからの『働き方』の話をしよう」をテーマに，学生たちも参加者の方々と「働き方」について話し合った．まず筆者から最近の学生の就職活動事情を話し，小グループに分かれ参加者の方々とディスカッションを行った．

(8) まとめ

デザインカフェでは，地域の若者からお年寄り，町外から移住してきた人が積極的に意見交換をしていた．少子高齢化が進む今日，浦河町も例外ではなく人口を確保することを目的とした政策を打ち出している．町内の独身農業経営者のもとで町外の農業に興味のある女性が研修することや，町を挙げた合コンのような「街コン」などである．

浦河町の将来を見据えると，若者や特に町外から来た人が中心となって今後のまちづくりが展開することが考えられる．つまり，主体となる住民が少しずつ入れ替わり，新たなまちづくりが行われていくのである．

3. リーダーのライフヒストリー

地域研修で学生たちが行ったリーダー層へのライフヒストリー調査では，以下の３人に２回の聞き取り調査をした．

・K さん（55 才）：自営業社長
・S さん（72 才）：社会福祉法人理事長，元・H 信用金庫勤務
・A さん（57 才）：浦河町職員

本章では，このうち住民のリーダーである K さんと S さんのライフヒストリーを紹介する．

(1)　K さんのライフヒストリー

1)　前史

1958 年，浦河町にて K さんは誕生した．浦河高校卒業後，大学に行きたいと思い，浦河から離れ東京へ向かう．しかし，大学へは行かずアルバイトばかりに専念していたという．

また，この頃に，現在の妻と遠距離で交際を始めた．しかし，両親に結婚を反対され 21 歳の時に浦河へ戻り，25 歳を過ぎるまで父の会社で働いたが，妻の家族にも強く結婚を反対され，このまま地元にいても結婚ができないと感じ札幌へ．同じ浦河出身の印刷会社の社長の元で働く．そして，29 歳のときに再び浦河に戻った．

2)　べてるとの出会い

1987 に浦河町に戻ってきた K さんは，べてるの家と出会う．当時，K さんも町民も，べてるの家を知らない人が多かった．

1989 年，出産をひかえて日赤病院に入院していた K さんの妻は，同じく

出産で入院中のべてるの家の理事であるＭさんの妻と知り合うことになる．それが，Ｋさんがべてるの家の活動に関わるようになるきっかけであった．そして，べてるの家の人たちの「自分たちは病気を持っているが，自分たちの力で自活して社会に出たい」「商売がやりたい」という思いに強く感銘を受け，商業者の知り合いに紹介すると，みんなが「おもしろい」と言ってすぐに協力してくれた．

べてるの家のメンバーと知り合うと，彼らが地域の中になかなか安心して存在できる「場」が無いと思うようになり，ごく単純に精神病を理解するよりもメンバーと地域住民とがここで知り合うことのほうが，地域で暮らすためには必要かつ効果的なのではないかと，Ｋさんは考えた．そのための出会いの場として1991年に「心の集い」を開き，それが発展して，1992年に「ひとつぶ塾」が開かれた．

また，Ｋさんは，べてるの家の活動を，新潟在住の尊敬する経営者に紹介した．この人は，「管理しない経営」「自立連帯型経営」をめざしていた経営者で，その社長としての姿勢に共感する中小企業経営者は少なくなく，中小企業者のサークルでは非常に有名だった．90年には社長を退任していたが，「患者を管理せず，病気があっても補助金に頼らず，自分たちで商売をして自立を目指す」というべてるの考えに共感し，興味を持つのではないかと考え，べてるの活動を紹介したのだった．すると，べてるの家に興味を持って浦河に訪ねてきて，「本にしよう」と提案され，出版費用もすべて出してくれた．そして，1992年に『べてるの家の本』が出版されたことをきっかけに，べてるの存在が全国に広まった．

以上のようなＫさんとべてるの家との出会いは，Ｋさんの意識を変え，まちづくりを始める大きなきっかけとなった．

学生たちは，この時期にＫさんは，「B（地域づくりに対する限定された協同的意識）」を形成したとしている．

3) Kさんのまちづくりの活動

Kさんは，この時期から積極的にまちづくりの活動をしていった．1998年に「阿賀に生きる」というドキュメンタリ一映画の上映委員会の事務局長になったことが，初めて仲間と協力した活動だったという．Kさんが，なぜこの上映会を行おうと思ったかというと，べてるの家の人たちのような病気を持つ人たちと健常な人たちが出会うきっかけを作るためだった．べてるの家の人たちが，町で自立して生活していくためには，やはり町の人との交流は不可欠であると考えたという．自分たちの町には，どのような人たちがいるのかを理解するのは，とても大切である．この「阿賀に生きる」の上映委員会には，地域の色々な人々やべてるの家の人々も参加している．この上映委員会に入ることで，たくさんの交流が生まれたのではないかと学生たちは考えた．

このドキュメンタリー映画は，町民がとても親しんでいる浦河町内の映画館大黒座にて上映された．たくさんの人たちに見に来てもらうことができ，20万円ほどの黒字が出て，監督にすべて寄付したという．また，「地域をつむぐ」という映画も上映委員会が組織され上映された．この映画は，Kさんにとって忘れられない映画となった．

1994年には，後継者養成講座という町のまちづくりのリーダー養成講座に参加した．この講座で，Kさんは当時役場の社会教育主事だったAさんと出会っており，他にも新たな仲間ができていった．この講座では，他の地方からゲストを招いて話を聞いていたが，Kさんはその中の話がとても印象に残っているという．

また，フルート奏者の有田正弘さんのクラシックコンサートを計画した時，最初は3人の演奏家を呼ぶのに多額のお金がかかっていたのだが，交流会を行ったりして，今自分が障害者と健常な人の出会いの場を提供する活動をしていると話すと，事務所を通さなくていいと言ってくれ，無料コンサートまで開催してくれた．このことから，Kさんは有名な演奏家の人たちも案外お金で動いているのではないのだと，感じることができたという．このコンサートの会場は，浦河にあるはまなす学園という色々な障害のある子どもたちが集まる場所で，浦河町外からも人が集まった．

このような活動からＫさんは，まちづくりの活動を通して，仲間と協力することの喜びや，人間の優しさに触れることができた．そこには，べてるの家の人たちの自活をサポートしたいという仲間が集まり，健常な人たちとの出会いの場を提供するという意識のもと，Ｋさんは活動していた．そこから，「阿賀に生きる」や「地域をつむぐ」の上映会やクフシックコンサートのような出会いの場を提供することに発展した．また，このような数々の活動を成功させていくうちに，Ｋさんは自らの活動に自信を持てるようになったといえる．Ｋさんが真剣にお話ししてくれている中で，時折見せる笑顔がとても印象的で，当時の活動の充実さがうかがえた，と学生たちは記している．

4）まちづくりを一度離れ，社長業に専念する

Ｋさんは，上記のようにまちづくりに没頭していたが，「エコ豚クラブ」という事業での失敗や，その後参加した本別町でのセミナーで出会った人物の影響で，まちづくりを一旦離れ，社長業に専念することとなった．その経緯は，以下の通りである．

当時Ｋさんは，べてるの家の人たちと密接に付き合っていて，いつも彼らとできる事業を考えていた．ちょうど環境問題がいわれ始めた時期であり，浦河でみんなで豚を育て，食べて，少しでも売れたら面白いのではと考えついたという．浦河に豚を育てる環境もちょうどあり，その考えに賛同してくれる仲間も集まった．そうして始まったのが「エコ豚クラブ」であった．当時浦河に食肉加工会社があり，その社長も協力してくれたので「エコ豚クラブ」の活動は始まった．

当初は，食肉加工会社の社長をはじめとした協力もあり，放牧の方法などのノウハウを教えてもらうことによって，肉もかなり美味であった．子豚は繁殖をしていなかったため，新冠（にいかっぷ）の養豚家から買っていた．また活動自体

も楽しく，豚肉のファンも数名いた．そのなかには，道外の有名出版社の女性編集者もおり，直接電話での問い合わせがくることもあった．豚の餌は，豆腐屋さんのおから，給食の残りなど，廃棄されるものがメインで，当初は煮るなどして火を通した野菜などもあげていた．

しかし，経営はすぐに行きづまった．浦河から屠場が無くなることとなり，続ける場合は100km以上離れた早来町（現・安平町）まで行かなくてはならなくなった．その結果，「エコ豚クラブ」の事業をたたむことを決意した．借金も残り，協力していた社長と折半することにして，Kさん自身も払った．まだ育てる子豚が残っていたため，最後の1年間は浦河に農業を学びに来ていた青年と協力して行っていた．自分の会社の仕事もあり，朝も早く休めない養豚と並行するのはかなり大変だったという．

Kさんは，「失敗した事業．いい勉強をさせてもらった」という．それまで映画の上映会，コンサートなどで赤字を出したことはなかった．やってやれないことはないという「慢心」によって，この事業は失敗に終わってしまった．

その後，異業種交流で知り合った年上の人が，本別町の1日セミナーに来るので，それに参加して自分のことを話した．Kさん自身も実感していたものの，その時にはじめて他人に「慢心」していると指摘された．そして，2年間毎月帯広に来るから，商売について真面目に勉強しないかと誘われ，勉強することを決意したという．

その時のことをKさんは，以下のように語っている．

（前略）エコ豚で借金を作って初めて価値観が変わった時だった．師匠に「君，今一番の問題はなんだと思う」と聞かれ，「僕，慢心していましたね」と答えをだした．そして「今まで上手くやってこられており，今回も上手くいくだろうと思って失敗した．いい経験になった．だから「一生懸命勉強しようや」と諭された．もう一人一緒に勉強した人には「今，君がやらなきゃいけないことは，地域づくりではなく，父親のあとを継ぎ，社長になることだ」と指摘された．実は，前々から父親に社長になりたいとは言っていて，父親にはまだ譲らないと言われていた．その件で父親とは，毎日のように喧嘩していた．それを師匠に話したら，「それは嘘だ．1か月後に戻るからそのとき社長になっていろ」と言い残してその日に飛行機で帰ってしまった．

Kさんは，その数日後，父親とまた喧嘩し，社長を譲らないなら会社を辞めるとまで告げたという．そして，母親が父親に「社長を譲りなさい」と勧めると，父親は「譲ったら会社がつぶれるぞ」といってきた．しかし，母親が「潰れたっていいじゃない」と言うと，父親は「わかった」と折れ，Kさんが社長となることになったという．その件でKさんは，社長交代に必要なものは覚悟だと，気付くことができたのである．

その後約10年間，Kさんに「まちづくり」としての以前のように目立った活動がないのは，社長業に専念していたためである．しかし，Kさんが自営の会社の社長になったことで，現在では手作りのおかず配達サービスや浦河の私設広報誌が発行されるなど，会社としても「まちづくり」としての動きが，その後見られるようになっていく．

学生たちは，この時期にKさんは，「C（地域づくりに対する市民としての協同的意識)」を形成したとしている．

5) 再びまちづくりへ

Kさんは，「エコ豚クラブ」の借金を返済するなど会社経営が安定してから，再びまちづくりに復帰した．それまでのKさんの町への貢献度の高さや町の人々からの信頼があってこそ，社長業に専念することで，早急にまちづくり活動への復帰ができたのだ，と学生たちは記している．

その後，最初に関わったまちづくりは，地域再生であった．

Kさんは，地域再生プランナーの久重哲之介氏の著書『地域再生の罠』を読み感動したという．『地域再生の罠』は，「地域再生」に失敗した地方自治体が責任問題に発展するのを避けるため，実態を隠して成功事例として発表し，その「成功事例」を参考にして別の地方都市が「地域再生」を行うが，元々の「成功事例」が嘘なので，参考にした地方都市も失敗に陥るという連鎖の事例を紹介し，その本質に迫っていくという内容である．

Kさんは，久重哲之介氏の「まちづくりには，素直で腹の据わっている女性に決定権を与え，まちづくりの主体を見栄や世間体を気にするお年寄りから若者へ世代交代を」という考えに共感し，次の世代に代表を任せ，自分は一歩引いた立場からまちづくりを若者に託していこうと考え行動するようになっていった．

その後Kさんは，多くの地域住民と関わるために「食で地域をつなぐ協議会」を発足した．「食」である理由は，生きていくうえで誰にも欠かせないものなので，多くの人々と関われるのではないかと考えたためである．活動は，月に3回ほどの講演会と，月に1度の地域デザインカフェ運営だった．特に地域デザインカフェには，20代から60代の人々が参加し，会費は500円にした．これには，自分たちで運営することで，自治体，行政に依存しないという考えがある．

地域デザインカフェは，若い人々のネットワークを構成するなど地域に大きく貢献しており，Facebookをはじめとする SNS を活用し，次の活動の連絡を行っている．

地域デザインカフェを始めたきっかけは，Kさんから見て若者となる浦河出身のMさんの誘いだった．Mさんから「農水省の助成金で何かやってみないか」と言われたのがきっかけで，その時に考えたまちづくりの構想が「女性の力を生かすこと」と「サードプレイスがたくさんある町にする」であった．1つ目は前述の久重氏の言葉であり，2つ目は，出会いの場や外で友人と楽しく気楽に話のできる，家と職場とは違う場所を作り，地域を温かくしたいという考えからであった．

(2) Sさんのライフヒストリー

1) 前史

Sさんは，1942年浦河町の近隣の町で生まれた．その後，浦河高校へ進学し，弁論部，図書委員，生徒会，そして人形劇同好会と，複数の活動に携わる活動的な少年だったという．

高校卒業後，地元のH信用金庫に就職．元からまちづくりに関心のあったSさんは，仕事の傍ら青年団活動に参加し，町の人たちと親睦会を行っていた．その後，日高振興局管内で5度の転勤を経て，総務企画課長として再び浦河へ戻ってきた．

2) 浦河アカデミー

1986年に異動で浦河町へ帰ってきたSさんは，常に転勤で行く先々の町の活性化に関心があり，浦河でも町おこしをしようと考えていた．

Sさんが浦河へ戻る前の年に，住民の要望による国道の拡幅工事が行われることになり，通りが綺麗に整備され，商店街の近代化事業が行われることになった．商店街を良くするために何かしなければならない，という話がSさんの周りで出ていた．仕事つながりの飲み会の場で，特に誰かから誘われたわけでも，Sさんが声をかけたわけでもないが，なんとなく「まちづくりをやろう」という流れになったという．

そこで，元気なまちをつくるためにはどうするべきかを議論した結果，学びの場を町民に提供しようという考えに至った．Sさんは，「町づくりは人づくりから．まちづくりをするには，まずそこに住む町民が成長する必要がある」と思ったという．Sさんは，「まちづくりというものは，ハード面（町並みや道路の整備，交通の便の改善など）が重要であるとよく考えられがちだ．しかし，町の住民が本当の幸せを感じていなければ，本当の良いまちづくりとはいえないのではないか」と考え，「この町に住んでよかった，と住民が感じるためには，住民自身が成長する必要がある」という考えのもと，「これを実現するには，どのような活動を行えばよいのか」と考えた．

そして，翌年に立ち上げたのが「浦河アカデミー」であった．この活動は，各方面で著名な講師を浦河に自費で招き，町民に向けてさまざまなジャンルの講演会を年に数回開く，という内容だった．Sさんは「浦河アカデミー」の事務局長に就任し，中心的な存在となって活動した．活動に携わったのは，金融機関に勤めるSさんをはじめ，役場職員や商店主，町会議員などであった．浦河町の住民の中から多様な職種の人たちが協力しており，主な年齢層は40〜50代であった．

浦河アカデミーは，立ち上げたSさんらの意思で，「行政の力を頼らず住民の力のみで運営する」というコンセプトを貫き，行政ではなく住民が主体となって行うまちづくり活動をめざした．しかし，講演を聞きにくる参加者らの年会費のみによって運営されていたため，会員の減少に伴い終了した．最後は予算の都合で終わりを迎えたが，10年と長期にわたって続けられたこの活動は，Sさんにとって，浦河町における「まちづくり」の原点となった．

学生たちは，この時期にSさんは，「B（地域づくりに対する限定された協同的意識)」を形成したとしている．

3)　ルピナスの丘

浦河アカデミーの対象である町民の年齢層の中心は，40〜50代と限定的であった．その後Sさんは，その対象の年齢層をもっと拡大しようとした．

Sさんが次に取り組んだまちづくりは，「ルピナスの丘」という町民ミュージカルである．そこでは，プロデューサーという中心的な立場であった．

その経緯として，1996年に総合文化会館がオープンし，施設の有効活用を図るための案を出し合う場として浦河町芸術文化事業協会が立ち上げられたことがある．Sさんは会長となり，住民の要望に応える立場となった．

1999年には，総合文化会館でのミュージカル公演をきっかけとして，住民から「自分たちもステージに立ちたい」との声が上がった．そこで，会長という立場にいたSさんは住民の声を受け止め，プロデューサーとなった．

ミュージカルの始まりは，地元住民の声からであったが，当時は肝心の経験者が誰もいない状態であった．そのため，Sさんを中心として準備会を設け，まずはミュージカルとは何か，と講師を招き学ぶことから始まった．そこで，「ミュージカルとは総合芸術みたいなもの」とSさんは認識し，台本，音楽，踊り，大道具，小道具，衣装などさまざまな勉強が必要になり，各分野の詳しい人を招いて半年間のミーティングを行った．

キャスト，スタッフを町民から公募すると，子ども，大人含め150人もの応募があり，オーディションを通して全員合格とした．台本の原作は，地元出身の青年にお願いし，Sさんを含めたスタッフで協議して練り上げた．

劇名である「ルピナスの丘」とは，Sさんが両親から引き継いだ裏山の丘に咲いている「立ち藤」からきている．丘に咲いている色とりどりの花は，当時「私たちにも何か手伝えることはないか」と自ら声を上げてきた住民が植えたものである．そこは，浦河の町並みとその先の港を見渡すことができる絶景ポイントとなっている．

また，音楽は地元の中学生が作曲し，作詞は地元の小学校の先生にお願いするなどして「ルピナスの花」という曲を作り，計20曲以上をミュージカルで使用した．大道具や小道具は地元の大工が，衣装もすべて地元の主婦が作りあげた．

このように地元の人たちの後押しがあり，Sさんは「ミュージカルに取り組んだ段階で，まちを挙げてという感じは伝わった．だからこそ，ミュージカルはみんなで作り上げた，という意識が強く残っている」と語っている．

2000年4月に総合文化会館で初公演をし，大変好評であったため，7月にもう一度公演をした．さらに，子どもたちから「札幌でやってみたい」との声が上がり，行政と関わりを持ちながら，8月に札幌教育文化会館にて公演をすることになった．満席となるほどの大好評を呼び，無事にミュージカルを終えた．

Sさんは，「ルピナスの丘という劇を通して子どもから大人までの幅広い年齢層，いろんな職業や老若男女などいろんな人との交流し，まちおこしにプラスになった．そして町に眠っていたいろんな人材を掘り起こせた」と語っている．

また，Sさんがミュージカルをやる上で大事にしてきたことは，子どもたちへの教育である．Sさんは，「ただ歌ったり踊ったりするだけでなく，ミュージカルを通して社会教育，または学校では教わらないことを教えるということを念頭に置いて，常に一緒に行動したいという意識を持ちながら活動していた．プロデューサーという立場であるため，技術面は任せて，いかに成功させるかに精を出していたが，やはり子どもたちに礼儀である挨拶や感謝の言葉はしっかり言えるようになってもらいたい，という願いがずっとあった．中でも『約束を守る』ということと『ありがとう』の言葉を大事にした．実際に原作のエンディングの『さようなら』という台詞を『ありがとう』に変更するなどの工夫をした」という．これは，子どもたちに感謝の心を体感して欲しいという願いからであった．

学生たちは，この時期にSさんは，「C（地域づくりに対する市民としての協同的意識）」を形成したとしている．

4)　大黒座サポーターズクラブ

1918（大正7）年に大黒座という，浦河町唯一で座席数が480の小さな映画館が誕生した．

Sさんは，2008年に大黒座サポーターズクラブの会長に就任した．大黒座サポーターズクラブは，大黒座が経営困難でなくなってしまいそうな危機に，町民が映画館という「文化の灯火」を消したくないという思いから，立ち上げた支援組織である．

このクラブは，年間1,000円の会費で会員証を発行し，1回見るごとにスタンプを押す．スタンプが5個たまると「お誘いチケット」が貰え，会員以外の人が無料で映画を見ることができる．このしくみは，少しでも多くの人に大黒座に足を運んでもらうために作られた．

Sさんがサポーターズクラブの会長になった理由は，大黒座の支援者の中にSさんと交流の深い人がいて，「ぜひ，大黒座を盛り上げてほしい」といわれたからだという．この人は，隣町の住民であるため，浦河町に住んでいるＳさんが会長になった．

Ｓさんが大黒座サポーターズクラブの会長になったのは，信金退職後であったが，現職の頃は当然として，退職後も町の活性化に対する気持ちはずっとあり，それまで培った人脈で今（2014年当時）も積極的にまちづくりに参加しているという．

定年退職後は，立場が変わり，言いたいことが言えるようになり，相手も言ってくれるようになったから，現職の時よりもまちづくり活動に取り組めているそうだ．

5） 浦河町連絡協議会

浦河町連絡協議会は，40年近く前から浦河町民憲章推進協議会という組織が町の主導で作られて，Ｓさんも会員として活動してきた．しかしＳさんは，その活動に疑問を持っていたという．そこで，Ｓさんは「もっと積極的な活動をしたほうがいい」と考え，協議だけでなく，町内会活動として行うことが大切だと，2013年から組織名を自治会連絡協議会に変更したという．新しい自治会連絡協議会は，まちづくりというよりも，浦河にある80もの自治会がみな活動しやすいように応援していける活動ができたらと，Ｓさんは考えていた．

4．おわりに

Ｋさんと Ｓさんが地域づくりの主体形成を果たしていくプロセスには，第1部で紹介した「自治体社会教育」としての地域づくり教育に見られる意識変革があった．特に「B」「C」の形成過程は，学生たちが指摘したようにはっきりと読み解くことができたと考える．

浦河町では，まちづくりのリーダー養成講座が開講された時期があり，地域づくり教育が意図的に行われていたともいえる．Ｋさんはその受講生であり，社会教育主事のＡさんとの出会いもそこにあった．しかし，Ｓさんは意図的な地域づくり教育に参加したわけではない．信用金庫職員として日高管内の町を転勤して歩いた経験が，結果としてＳさんに地域づくりを自覚的に取り組む必要性を生み出したのである．Ｋさんも，べてるの家との出会いが，地域づくりを自覚的に取り組む必要性を生み出したのであり，リーダー養成講座への参加は，その流れの中で行われたのである．その後の２人の意識変革も，意図的な地域づくり教育からではなく，それぞれの仲間たちとの協同の関係の中から発展した．そのことが「C」の意識を形成させていったといえる．そして，Ｋさんによる地域デザインカフェの取り組みは，地域づくりの担い手として若者を育てようとする意図的な地域づくり教育であると筆者は考える．ただし，このことについては学生の調査では確認していない．また，２人のライフヒストリーから学生たちは「D」の意識形成を確認できていない．

浦河町の地域づくりでは，住民自身がお金を出し合い「行政の力を頼らず住民の力のみで」という活動が多く見られる．本章では紹介しなかったが，役場職員であるＡさんのライフヒストリーの中でも，「個人として関わっていた」という場面が多かった．したがって，学生たちは「D」の意識形成は行われていないと分析したのであるが，実際には，２人とも「D」の意識を形成していたのではないかと筆者は考えている．

参考文献

『地域再生への道を探る（ゼミ誌第７号）』（北海学園大学経済学部１部地域社会論ゼミ，2015年２月19日発行）
べてるの家の本制作委員会編『べてるの家の本』（べてるの家，1992）
浦河町ホームページ　https://www.town.urakawa.hokkaido.jp/

第8章
留萌市の「三省堂を応援し隊」

1. はじめに

留萌(るもい)市は，北海道北西部に位置する留萌振興局管内の中心都市である．

かつてニシン漁で栄え，現在は数の子をはじめとする水産加工業が有名である．総人口は2016年10月末当時22,195人（2021年2月現在20,202人）となっている．

2016年度のゼミでは，地域研修の訪問地を決める際，筆者がたまたま新聞で「書店が無くなった町に書店を誘致し，住民が応援している」という記事を見つけ，学生たちに提案して選ばれたのが留萌市であった．

以下，当時のゼミ誌『地域再生への道を探る（第9号）』をもとに，留萌市の地域づくりの実際とリーダーのライフヒストリーを明らかにしたい．

2. 三省堂書店留萌ブックセンター設立までのあゆみ

以下は，学生たちが事前調査や収集した資料，そしてリーダーたちからの聞き取り調査をもとに，留萌市に三省堂書店留萌ブックセンターが設立されるまでのあゆみを整理したものである．

(1) 誠文堂閉店と三省堂臨時販売開始

事の始まりは，2010年の12月10日，当時市内最後の書店だった誠文堂の閉店である．誠文堂の閉店で，市内から参考書を買うことのできる施設はなくなった．

そんな中，三省堂書店から参考書の臨時販売をやってもいいという報が届き，市内中心部の複合施設「るもいプラザ」にて，2011 年 3 月臨時販売が始まった．

この時，一般書も販売しており，また売れ行きも好調であった．ここから，留萌市の臨時販売関係者の中には「やはり留萌市に本屋は必要である」という認識に至り，三省堂誘致のきっかけの 1 つとなった．

(2) 「三省堂書店を留萌に呼び隊」結成

臨時販売の実施により，関係者の間では三省堂残留を希望する風潮が広がった．当時，図書館の館長で体育協会の役員だった I さんは，図書館利用者の中から人を集め，誘致運動を盛り上げようとした．留萌市では，体育協会が指定管理者として図書館などの管理を行っているために，体育協会と図書館が結びついているのである．そうして，体育協会理事長の T さんを顧問とし，その妻と図書館利用者の中から集まった M さん，その友人 2 名，さらに市立病院の元看護部長 2 名，合わせて女性 5 名，合計 7 名で，2011 年 4 月 11 日に「三省堂書店を留萌に呼び隊」(呼び隊) が結成されることとなる．

(3) 三省堂への要望書提出と臨時販売終了

発足した「呼び隊」は，手始めに市や道，三省堂の重役に要望書を提出することにした．4 月 15 日に市長，そして留萌振興局長へ提出．17 日には，臨時販売所を訪問していた三省堂書店役員に提出した．しかし，反応は芳しくなかった．

そこで「呼び隊」は，今後の書店誘致活動の方針について，2011 年 4 月 19 日に作戦会議を行った．そこで，三省堂書店会員カードを署名として三省堂に提出することを決定した．

そして，2011 年の 4 月 26 日から病院や町中，商店街を歩き回り，回覧板も用いて署名を集め，5月23日に2,500人分の署名（会員カードの申込書）を三省堂に提出した．

注目すべきは1か月足らずで署名が集まっている点であり，留萌市民の書店に対する関心の高さがうかがえる．そのような中，4月30日に三省堂による臨時販売は終了した．

(4)　名称変更と三省堂書店留萌ブックセンターグランドオープン

2011年6月14日，留萌振興局に三省堂出店決定の報が届いた．「呼び隊」はその2日後，振興局経由でそれを知った．

無事に三省堂を誘致することに成功した「呼び隊」であるが，ここで隊内部での意見対立が起こった．書店は誘致できたのだし，「呼び隊」の役目は終わったという意見，これからも活動を続けたいという意見である．この対立は，「書店は誘致できたが，もしまたつぶれたら何の意味もない」という，活動継続派である元看護部長2名の意見から，引き続き活動を続ける形で決着する．その際，「誘致したのに呼び隊はおかしい」ということで，2011年6月27日，第6回作戦会議にて「三省堂書店を応援し隊」（応援し隊）と名前を変え，再び活動を始めたのである．そして2011年7月24日，三省堂書店留萌ブックセンターがグランドオープンした．

(5)　「応援し隊」の活動

「応援し隊」の活動は，本の紐かけ（雑誌等の付録が落ちないようにする作業）など書店でのボランティア，書店内での「読み聞かせ会」や「大人のための朗読会」といったイベントの運営，さらには市立病院や，「るもいプラザ」への本の出張販売と多岐にわたる．通常，読み聞かせ会といえば図書館をイメージするが，留萌においては書店内で行われているという点からも，留萌ブックセンターの特殊性がうかがえる．また「応援し隊」は，2013年に「高橋松之助記念文字・活字文化推進大賞」を受賞した．この時に発生した賞金は，図書カードという形で読み聞かせ会に訪れた子どもたちに配布してきた．他にも，地元ラジオ局「FMもえる」での朗読放送など，2016年時点もさまざまな活動を行っている．

3. リーダーのライフヒストリー

地域研修で学生たちが行ったリーダー層へのライフヒストリー調査では，以下の3人に2回の聞き取り調査をした．

- Tさん（70才）：三省堂書店を応援し隊顧問・元体育協会理事長
- Mさん（54才）：三省堂書店を応援し隊代表・主婦
- Iさん（61才）：市立留萌図書館長（体育協会専務理事）

本章では，3人のライフヒストリーを紹介する．

なお，この年度の学生たちは，意識変革の分析の際，筆者が定義してきた学習過程（意識変革）とは少し違う視点（彼らの言葉では「分析の焦点」）を設定している．

また，それぞれのライフヒストリーも分析の際，ゼミ誌本文ではそれに関わるトランスクリプトを原文のまま挿入しているが，本章では一部それらを省略した．

(1) リーダーたちのライフヒストリー分析

調査対象者3名に関して，インタビューで得られた情報からライフヒストリーを作成した．そのライフヒストリーから，調査対象者3名の書店誘致活動を通してのまちづくりに対する認識が，どのように変遷していったのかを分析する．そして分析する上で，2つの焦点を設定した．

①私たちのためからみんなのために

1つ目は，三省堂書店を留萌に呼び隊（呼び隊）が結成された時期である．ここで調査対象者3名が，自分たちの暮らし（自分および家族の暮らし）のための活動としてではなく，本を必要とする住民のために活動するということを明確に意識している．3名の意識が揃った1度目の重要な時期である．

②みんなのためから留萌（まち）のために

２つ目は，「呼び隊」から三省堂書店を応援し隊（応援し隊）へ名称を変え，活動を再開した時期である．ここで，本屋を必要とする住民のための活動から，書店を留萌市からなくさないため，という自分の住む町のための活動へ変化した．３名の活動に対する意識が同時に変化した２度目の重要な時期である．

以下では，この２つの時期に向かってそれぞれの調査対象者がどのような経過を辿っていっていたのかを個別に分析していく．

(2)　Ｔさんのライフヒストリー

1)　本に関する意識について

Ｔさんは，子どもの頃から本にふれていた．このことが，書店誘致運動に参加していく１つのきっかけとなっていた．

①家族による影響

Ｔさんは，父親にお土産で本を買ってもらうことが多く，本に興味を持ち始めていった．そこから自分で図書館に行くようになり，より本が好きになった．

②学生時代

教育大の「銀の船」というグループで，お話し会のクラブ活動をしていた．お寺に泊まり，地域の子どもたちにお話しをした．

Ｔさんは，生徒とは楽しく付き合える自信はあるが，授業ができるかどうかの不安があり，図書館で自分でも勉強をした．こうして，学生時代も大好きな本と関わることで不安を解消していった．

③教師時代

教師になってからも，学生時代と同じく授業ができるのかという不安を解消するために勉強をした．そして，生徒たちにも本を読んだり，図書館へ連れて行ったりして，本との関わりを持たせていった．

2) 書店閉店時＝私たちのためからみんなのために

2010年12月，留萌の書店（成文堂）が閉店し，留萌から本屋がなくなってしまった．このことが，Tさんの書店誘致運動への参加と「呼び隊」結成の最も大きなきっかけであった．

この時Tさんは，本屋がなくなり，とてもさみしい思いをした．3月になって，参考書などを買う中高生が困るのではないかと考え，図書館の指定管理者でもある体育協会の理事長をしていたので，市議会一般質問に申し込んだ．そこから，当初は体育協会が参考書を売ったりすることをやってもらえないかという話があり，理事会で決めて応援するという運動をした．三省堂の店長と，参考書だけではなく新しい本も置いてはどうかと相談し，新刊本も置くと，本屋さんが来たと市民にすごく喜ばれた．しかし，4月までの臨時販売ということで「このままでは，また本屋がなくなってしまう」と考え，「呼び隊」という形での活動を始めたという．

3) 呼び隊から応援し隊へ＝みんなのためから留萌（まち）のために

「呼び隊」の書店誘致運動によって，三省堂書店が留萌に出店することが決定した．これにより，Tさんは「呼び隊」の活動は終了し，役目を終えたと感じていた．Tさんは，あくまで黒子だという精神から，みんなが決めたことに従い，サポートしようと思ったため，引き続き「応援し隊」に関わることに同意したのだった．

4) 今後の展望

2016年当時のTさんは，今のメンバーが壊れないようにしながら，「応援し隊」に若い人に入ってきてほしいと思っているという．

そして，「もう私は引退すべきではないかと訊いているが，まだだと言われる．こうなってくると，私にやめてほしくてもそう言えないのではないだろうか，と思ったりするが，そんなことはないと言ってくれている．だから，私をやめさせたいときや，何かおかしいなと思ったときには遠慮なく言ってください，と頼んでいる」と語っている．

そして，「若い人がメンバーに入ったときには，今までと同じようなことをやっていけばいいのかなと思っている．新しい活動とかではなく，読み聞かせのようなことを．ただ一方的にやるのではなく，子どもも参加するような感じの読み聞かせをしていきたい」と思っている．

(3)　M さんのライフヒストリー

M さんは，「呼び隊」，そして現在は「応援し隊」の代表を務めている．

1)　本に関する意識について

M さんは，幼少の頃より本と関わる機会を多く得ていた．そのことが，書店誘致運動に参加していく１つのきっかけとなっていた．

①家族による影響

M さんの父親は，出張で家を空けることが多く，母親は病弱だった M さんの姉の世話で忙しかったので，祖父が主に M さんの面倒を見ていた．その祖父が，よく本の読み聞かせをしていた．ここから，M さんの本との関わりが始まっていった．

M さんの姉は，本をよく読む子どもであった．彼女が読んでいる本に，M さんは字が読めないながらも興味を示していた．M さんは，この頃本を読むということに一種の憧れのようなものを感じていたという．

このように，M さんの本に対する意識は家族の影響から生まれ始めていった．

②学生時代

M さんは，高校生の頃，特に本に関する体験が多かった．読書感想文を書いたり，絵本を集めに書店に通ったりしていた．そうして本への関心が，さらに深まっていった．

また，M さんは書店経営者の娘と交友関係にあり，そこで本だけでなく書店に対しても興味を持った．この書店に対する関心が，留萌の最後の書店が閉店した際，危機感を抱いた一因だったと考えられる．

Mさんの高校時代は，本への興味がより深まっていたが，同時に本を販売する書店に対しての関心も芽生えはじめた時期でもあった．

③転勤時代

夫の仕事の都合で，Mさんは留萌振興局管内で転勤を繰り返していた．その中で，字問寒別（あざといかんべつ）に住んでいた頃に，図書館も書店もない環境での生活を経験した．Mさんにとって書店は，生活に不可欠なものだという認識があったため，この5年間は苦しいものだったという．この経験が，留萌で書店が閉店した時に危機感を覚えた一番の要因だった．

④留萌定住後

Mさん一家が留萌に定住するようになってから，Mさんは大学時代に勉強した英語の知識を活かして，英語塾を開いた．その英語塾では，授業が始まる前の待ち時間に子供たちに退屈させないように，また本に興味を持ってもらうために，いろいろな所に本を置いていた．このことは，自分が本を読むのが好きというだけでなく，ほかの人たちにも本に興味を持ち，本を読んでほしいというMさんの気持ちの表れであったと考えられる．

2)　書店閉店時＝私たちのためからみんなのために

2010年末，留萌で最後の書店が閉店したことが，Mさんの書店誘致運動への参加と「呼び隊」結成のもっとも大きなきっかけであった．

Mさんが，留萌で最後の書店が閉店したときに最初に感じたのは，英語塾に通う生徒たちの参考書を購入する手段の心配だった．参考書は通販を利用して購入することができるが，Mさんは実際に本を開いて内容を確認しなければ，どのような本なのか判断はできないという考えを持っていた．そのため，書店が閉店した時に子供たちの心配をしていた．

次にMさんが感じたのは，留萌市から書店がなくなったことへの喪失感であった．さらに，自身が暮らす町に書店がないという状況が，再び訪れてしまったという危機感も感じていた．

幼少期から養われてきた本に対する意識と，書店が自身の生活に与えてきた影響が，Mさんを書店誘致の運動へと参加させた要因であったと考えられる．

3)　呼び隊から応援し隊へ＝みんなのためから留萌（まち）のために

「呼び隊」の書店誘致運動によって，三省堂書店が留萌に出店することが決定した．このことから，Mさんは「呼び隊」の活動は終了し，役目を終えたと感じていた．

Mさんは，活動を継続するつもりはなかったが，「呼び隊」メンバーの中から「何もしないで再び書店が潰れてしまったら，せっかく誘致をしたのにもったいない」という声が上がった．町に書店がない状況が3度訪れることは，Mさんにとって望ましいことではなかった．書店経営の邪魔にならない裏方の仕事を手伝う，という役割のもとで，「応援し隊」として活動を続けていくことを決意したのだった．

4)　今後の展望

Mさんが2016年当時考えていた今後の「応援し隊」の在り方は，新たに活動の幅を広げていくのではなく，書店を潰さないための現在の支援活動を継続していくというものだった．

Mさんは，現在の「応援し隊」の活動を継続することを主眼に置いている．そのためには，新たに若年のメンバーの確保が最重要であり，「応援し隊」をなくさないために次のメンバーにバトンを繋いでいくことそのものが，今後の「応援し隊」の在り方だと考えている．

人員確保が最優先であるとしつつも，たとえば高校生や幼稚園児を対象とした取り組みへ活動の幅を広げる意欲をうかがわせていた．しかし，Mさんの活動は，「応援し隊」の中で完結しており，新たな留萌市の地域発展に向けた取り組みを考えていたわけではなかった．

(4) Iさんのライフヒストリー

第6章で述べたように，筆者は，一般的に成功しているといわれる地域づくり実践においては，3種類のリーダー層がいると考えている．1つ目と2つ目は住民のリーダーであり，第6章，第7章で紹介したライフヒストリーは，それらのリーダーであった．

次に紹介するIさんは，3つ目のリーダー（それらのリーダーたちの活動を支える自治体職員や地域関連労働の担い手）である．市役所の職員ではないが，上記2種類のリーダーたちから「あの人たちが支えてくれたから，やってこられた」といわれるリーダーであり，第3章で取り上げた白老町役場の「一歩前」の意識変革を遂げた職員のような存在であった．

1) 新聞記者時代までの経歴

Iさんは，留萌市で1955年に生まれた男性である．小中高と留萌で過ごし，高校を卒業と同時に，神奈川県で就職した．そこでは，仕事をしながら趣味である登山に打ち込んでいたという．しかし，登山の最中に岩場から落ち，雪崩に遭い温泉地帯で気を失うという経験をし，その時「死」について真剣に考えた．自分が死んだ時，世間からどう思われるかを考え，「彼はがんばった」「良い人だった」と思われたかった．そのためにはどうしたらよいかを考えた時，仕事をがんばるしかない，生活力をつけるしかないという結論に至り，週休2日で働きながら，午前2，3時に起きて牛乳配達をする生活を始めたという．

そして，神奈川県で6年間働いたのち1979年，Iさんが長男だったこともあり，親の面倒を見るために留萌にUターンした．

留萌では，前職の経験を生かして地元の新聞社に経理として入社するが，4か月たった頃，経理から新聞記者になった．Iさんは，留萌に戻ってきての第一印象を「若者に元気がない」「会社に緊張感がない」と語っている．

しかし，さまざまな市民や団体を取材し記事を書いているうち，新聞記者の面白さがわかったという．そして，若者に元気がないと思っていたが，記者として色々な所に行く機会があり，がんばっている若者の存在に気づいた．

新聞記者として取材するうちに人脈が広がっていった．この時の人脈を生かして，映画を上映する映画サークルを結成したり，留萌市でやっていた冬のお祭りがなくなった際には自ら春祭りの責任者として企画運営するなど，まちづくりに関する活動を行うようになっていった．

これらのことから，Ｉさんは留萌に戻ってきて新聞記者になった時点が，留萌に対する意識変化のきっかけであり，この時に生まれた人間関係，人脈が，その後の活動，まちづくりに深く関係しているといえる．さらに，Ｉさんは自らまちづくり活動をする所まで意識が進んでいた．

そのため，Ｉさんが留萌に戻り新聞記者として働き出したことが，ライフヒストリーを分析する上で重要だと考え，その時点から分析していく．

2)　なぜ三省堂誘致に乗り出したのか

Ｉさんは，それまで本州の山岳会や仕事で精力的に活動してきた．そんなＩさんにとって，Ｕターンした当時の留萌は物足りなかった．

また，そうした理由から，この段階では留萌に関心があまりなかったと推察でき，記者になる以前は，留萌の若者の活気のなさに呆れていることがわかる．

Ｉさんが留萌に帰ってきて新聞記者になったきっかけは，とりあえずの給料稼ぎのためであり，職につかずふらふらとしているわけにもいかないという理由からで，偶然募集を行っていた地元の新聞社に経理として入社したのだった．

入社して４か月経ったころ，社長から新聞記者をやってみないかと声がかかった．記者に対する印象は「大変そう」などで良くはなかったものの，開き直りの気持ちで新聞記者になったという．記者になった当初は，「いつ辞めてもいい」と考えていたことから怖いものなしで，さまざまな批判記事を書いていたと，Ｉさんは振り返っている．

ここが，Ｉさんの留萌の地域に対する意識変革の分岐点であるといえる．

開き直りで始めた新聞記者の仕事であったが，さまざまな場所へ取材に行き，記事を書き続けていくうちに，自分の記事を読んでもらえる面白さから，やりがいが生まれたという．

また，新聞記者として取材を行ううちに，留萌にもがんばっている人たちの存在があることを知り，それまでは事実を淡々と記事にするだけであったが，地域を支援する側に立った記事を書こうという意識が芽生えたという．Iさんは，「地域で活動があれば，自分も参加し記事にしていた」とも振り返っており，この頃の活動が現在のIさんの人脈の広さにも繋がっているといえる．

そして，新聞記者として市役所を担当していた時，留萌市が夕張のように財政難となり行政改革をはじめた．その中の1つに公共施設の民間委託があり，体育協会にスポーツセンターの管理をやらないかという話があったという．その時，Iさんはバレー協会の役員をしていて，市役所に検討してはどうかと話すと「じゃあ，Iさんがチーフになって，プロジェクトを作ってください」といわれ，3年掛かって体育協会をNPO法人にした．職員を募集したが，なかなか束ねる人が見つからず，Iさんが新聞社を退職して，2002年体育協会の専務理事に就任したのである．新聞記者であり，その他にもさまざまな活動を行っていたIさんにとって，この決断は簡単なものではなかった．しかし，決断に踏み切れた背景には，がんばる若者を支援したい，地域のためにできる限り役に立ちたい，という新聞記者時代に築かれた意識が存在したといえる．

2009年，以前から本が好きだったという理由もあり，Iさんは体育協会が指定管理者となった市立留萌図書館館長に就任した．Iさんが，さまざまな役職に就き，地域活動に熱心に取り組む背景には，新聞記者時代に作られた意識と仕事観にあるといえる．他人から認められることを喜びとし，またそのためには精いっぱい働くことが重要であるとしており，この意識は過去の山登りの体験に起因する．

そして，2010年12月，留萌で唯一の書店であった成文堂が閉店して参考書の販売店がなくなり，教育委員会は頭を抱えていた．加えて，2010年2月PTAから参考書販売を何とかしてほしいとの要望が，体育協会にきたのである．

参考書販売という文化的で，体育協会の活動とは結びつかないようなことに，体育協会が乗り出すことになったきっかけ・背景には，Iさんのこうした役職にとらわれない考え方と，市民のためになるなら自ら立ち上がるという，地域への強い思いがあると考えられる．

そのような中で，三省堂書店が参考書販売を行ってもよいという話が舞い込み，同年3月18日から，「るもいプラザ」の一角で参考書の販売が行われた．

そのことをIさんは，「図書館が，民間企業である本屋さんの支援，誘致に乗り出すと，普通はクエスチョンがつく．指定管理者の図書館でなければできなかった．やっていることは，多くの市民にとって非常に有益なことで，町全体のために汗をかくことだから」と語っており，Iさんの地域支援への柔軟な考え方を読み取ることができる．市民のためになることを常に模索し，市民のためならできる限りのことを請け負う，という地域への高い意識がうかがえる．

また，三省堂の誘致活動では，活動にインパクトを持たせるため，Iさん自身はコアメンバーではなく，図書館での作戦会議の場所の提供や留萌振興局との連絡役など，あくまで裏方としての役割を担った．どのような行動をとれば，新聞社などのメディアから活動を取り上げられるのかを，Iさんは常に考えていたという．これらのアプローチや，支援への意識は，前にも述べた新聞記者時代の経験によるものであろう．

Iさんが本屋の誘致活動に関わることになったきっかけは，就いている役職によるものが大きいといえる．しかし，活動に対する意識について，Iさんは「三省堂の関係は，図書館長って名前はついているけど，個人として関わっていて，図書館を使っているのは，体育協会が全面的に支援しようということだったから．名刺には，体育協会だとかあるけれども，自らが関わっている」と語っており，決して義務的に関わっていたのではないことが理解できる．

また，他の本屋誘致に関わった人たちと比べ，Ｉさんは早い段階から地域への意識が創られており，常に高い意識で誘致活動に取り組むことで，周囲を先導していく立場にあったといえる．

3）「応援し隊」の継続

前述のとおり「呼び隊」は，書店の誘致が決まると，隊としての役割は終わったという意見が出た．しかし，Ｉさんとしてはこのままで終わるのには危機感があった．そのため，支援を続ける立場をとった．

三省堂も，慈善活動で出店したわけではない．たくさんの人たちに利用してもらわなければ，撤退してしまう．そうなると，また留萌市から本屋がなくなってしまう．それを阻止し，書店存続のために，「応援し隊」として名称を変えた後にも，書店や「応援し隊」に積極的なサポートをした．

4） 今後の展開

Ｉさんは，2016年当時これからの「応援し隊」を，維持と世代交代という2つの点で見据えていた．

Ｉさんは，次の段階は「応援し隊」が存続していくことであり，「そのためには，世代交代の必要性を感じている」と語っている．しかし，新しく若いスタッフを引き入れる際には，現行メンバーとの温度差などといった引き継ぎの難しさがあるという．そのため，現段階では再び本屋が留萌からなくならないように本を購入してもらい，三省堂書店を維持しつつも，先を見据えて「応援し隊」としての活動も改変していくことだとしている．

最後に，今後のＩさん自身の展望である．Ｉさんは「今特に考えているものはなく未定」としつつも「さまざまな人たちに触れ合える事業をやれたら幸せなこと」という．

もともと書店誘致の「呼び隊」に関わる以前から，地域での活動についての意識があり，新聞記者として働く中で実際に活動していたＩさんは，同じく書店誘致活動に関わっていたＭさんやＴさんよりも，地域づくりに対しすでに進んだ意識を持っていた．そのような理由もあり，三省堂書店誘致活動では，Ｉさんは裏方に徹しコーディネーター的役割を担っていたとも見え，意識変化についても他の２名とは異なり進んでいた．

そのため，Ｉさんは三省堂誘致活動も，今まで行ってきたまちづくり活動のうちの１つだ，と考えていると推測できる．今後もまた，地域が抱える問題や市や地域の発展のきっかけがあるならば，Ｉさんは新たに地域発展の取り組みに積極的に関わっていくだろうと考えられる．

4. おわりに

学生たちは，「私たちのためからみんなのために」「みんなのためから留萌（まち）のために」という独自の「分析焦点」を考え，住民リーダーであるＴさん・Ｍさんは，「呼び隊」と「応援し隊」の活動を始める段階で共通してそれぞれの意識を形成したと分析している．

また，Ｉさんについては「裏方に徹しコーディネーター的役割を担っていた」とし，意識についても「他の２名とは異なり進んでいた」と分析している．しかし，Ｔさん・ＭさんとＩさんの意識が，具体的にどう違うのか．グループでの調査結果をクロスさせた分析は行っておらず，不十分さを感じる．ただ，筆者が定義する「自治体社会教育」としての地域づくり教育に見られる意識変革を使わず，不十分とはいえ自分たちの言葉でライフヒストリー分析から意識変革を読み取ろうとする努力はうかがえる．

しかし筆者は，３人が地域づくりの主体形成を果たしていくプロセスには，「自治体社会教育」としての地域づくり教育に見られる意識変革があると考える．

「私たちのためからみんなのために」とは，自分の家族や近い仲間である「私たち」のために，「参考書が買える場」「本を買える場」が必要だと考えていたのが，「呼び隊」をつくって「地域のみんな」，つまり知り合いでもなく会ったこともないが同じ地域に住む子どもたちや住民のために，三省堂を呼びたいと考えるようになったのである．このことは「B（地域づくりに対する限定された協同的意識）」を形成したといえるのではないか．

「みんなのためから留萌（まち）のために」とは，「地域のみんな」のために三省堂を誘致して終わるのではなく，留萌というまちのために書店を維持していく，留萌から書店をなくさないと考え行動することであり，このことは「C（地域づくりに対する市民としての協同的意識）」を形成したといえるのではないか．

そして，Iさんの意識が「他の2名とは異なり進んでいた」とは，Iさんはすでに「D（地域づくりに対する公共的意識）」を形成したといえるのではないか．学生たちのライフヒストリーには書かれていないが，当時Iさんは留萌市の総合計画策定委員会の委員長として，市の政策過程に参画しており，「E（地域づくりの主体としての公共的意識）」も形成して行動していたのである．

留萌市でも，地域づくり教育が意図的に行われていたわけではない．学生たちが分析した意識変革は，3人のそれぞれ歩んできた人生が，地域づくりを自覚的に取り組む必要性を生み出したのであり，Tさん，Mさんについては，そこにIさんの「一歩前」の意識変革による働きかけが，留萌市の地域づくりを考える意識へと発展させたといえよう．

参考文献

『地域再生への道を探る（ゼミ誌第9号）』（北海学園大学経済学部一部地域社会論ゼミ，2017年2月17日発行）

留萌市ホームページ　https://www.e-rumoi.jp/

第9章
平取町の「ニシパの恋人」

1. はじめに

平取町は，日高振興局の西端に位置し，総面積743.09km^2・東西52.8km南北41.1kmで，2018年10月当時人口5,094人（男性2,486人，女性2,608人）世帯数2,575戸（2021年2月現在，4,770人）の町である．

豊かな自然とアイヌ文化の拠点の1つである町として広く知られ，産業は農業を中心として健康で豊かに暮らすことができるまちづくりをめざしている．

2018年度のゼミでは，地域研修の訪問地を決める際，筆者が当時の町長と親交があったこともあり，選ばれたのが平取町であった．この年は，2部のゼミも同じ日程で平取町にて地域研修を実施（テーマは「アイヌ文化とまちづくり」）し，1部のゼミでは平取町におけるブランドトマト「ニシパの恋人」に関わるまちづくりを取り上げた．

以下，当時のゼミ誌『地域再生への道を探る（第11号）』をもとに，平取町の地域づくりの実際とリーダーのライフヒストリーを明らかにしたい．

2. 平取町におけるブランドトマト「ニシパの恋人」の推移

以下は，学生たちが事前調査や収集した資料，そしてリーダーたちからの聞き取り調査をもとに，平取町におけるブランドトマト「ニシパの恋人」の推移を整理したものである.

(1) 前史

1965年から米の減反政策が始まったことが，ブランドトマト「ニシパの恋人」への取り組みが始まる前史となった.

(2) 黎明期（減反政策からトマトを作り始めるまで）

平取町で，トマトが作られるきっかけが起こった時期（1972年～1979年）である.

減反政策により水稲の作付面積が削減され，新たに収益性の高い作物を模索していたところ，より収益性が高いとされたトマトが作られるようになった.

そこから1972年には，6戸の農家が試験的にトマトの栽培を開始し，1973年には，平取野菜生産振興会が設立され，新しく21戸の農家が作付けを始めた．そして1975年には，町内の3つの農協が合併して新たにJA平取町が設立され，1979年には栽培農家が46戸に増加した.

(3) 開発期（トマト開発や加工品の開発に着手）

この期（1980年～1988年）は，桃太郎トマトの栽培や加工品などの開発が始まったことにより名付けた.

1980年代から，新しく桃太郎トマトが開発され，1982年には，JA平取町が支援する農業構造改善事業の活用で野菜出荷施設を建設し，個人選果から共同選果に変更した．これにより，作付面積の増加に成功した.

1986年には，ブランド化の一環として平取町産の桃太郎トマトが「ニシパの恋人」と命名された．翌年にはニシパの恋人のトマトジュースの開発が始まった.

(4)　発展期（部会の設立，新規就農者の受け入れなど）

平取町のトマトをブランド化し，消費者からの評判も高まり，その結果生産者の戸数や面積増加，さらには販売量増加にもつながった時期（1989年～2001年）である．

1989年には，JA平取町の下部の組織である「平取トマト・胡瓜部会」を設立した．

1991年には，これまで試験的に色々な品種のトマトを作っていたが，味を統一するために平取の農家で栽培するトマトの品種を，すべて「桃太郎」にした．

1992年には，選果施設・選果機一式を新設し，販売額5億円を超えた．翌年には，生産者数100戸，面積20haを超えて，平取町の基幹産業へと発展した．

1995年～1997年には，抑制栽培の規模を拡大し，さらに野菜予冷施設の建設をした．平取町と隣接する門別町（現・日高町）のJAとみかわのトマト生産者7戸を受け入れ，野菜育苗センターも建設し，作付面積が50haを超えた．

1999年には，「北のクリーン農産物（Yes! clean)」という認証を習得した．

(5)　拡張期（トマト作付けのさらなる発展）

この期（2002年～2014年）には，平取町だけでなくより広い地域での活動や，外から内へ受け入れるような動きが始まった．

2002年は，毎年道内外から新規就農者を受け入れ，生産者の戸数維持に努めていく．1992年のJAとみかわの生産者の受け入れでは，隣接した門別町の一部地域のみとしていたが，道内外から新規就農者を受け入れることで定住や移住を促すことができた．

2003年には，台風により2.3億円の被害がでた．2005年には，作付面積が100haを超えた．また，トマトアイスの開発も始まる．トマトアイスは，現在も人気商品として売り出されている．

その3年後の2006年，第二選果施設が完成したことにより，生産量1万トン，販売額は30億円を達成した．選果施設の増設で，トマトの質を安定させて市場に出すことができた．また，加工品などに回すトマトも振り分けることができるため，選果施設が担う役割は大きく，農家はトマトの質を重視し，より集中して栽培することが可能になった．

2007年には，第4回コープさっぽろ農業大賞受賞．2008年には，栽培農家165戸，作付面積112ha，販売額31億44万円を記録した．このことからも，町を代表する農作物へ成長したといえる．

また，同年には「びらとりトマト栽培マニュアル」を作成した．これにより新規就農者がトマトを作りやすい環境ができた．マニュアルには，使用する農薬は何が適しているか，もし病気にかかった時にどのような対応をするべきかなどが記載されている．

2011年には，生産量1万2千トン，販売金額40億円を達成した．

2013年には，過去最高の数字である生産高42億円，販売数量1万3千トン達成．2014年には，生産者は166戸，1戸当たりの平均作付面積は0.72haとなる．

(6) 安定期（さらなる発展へ向けて）

胆振東部地震やトマトジュースの異物混入などがあったが，販売金額は少し上昇，生産者，農家数，販売数量の面では安定していた時期（2015年〜）である．

2015年には，JA平取町とJAとみかわが合併し，JAびらとりが誕生した．

2017年には，トマトジュースに異物が混入するも，健康的被害がなかったことやJAの対応が迅速であったため，大きな事態にならなかった．

また，トマトの産地である熊本での地震の影響で需要が高まったこともあり，販売額は過去最大を記録している．

2018年には，選果場に糖度や大きさを自動判別できる機械を導入した．同年9月には胆振東部地震が発生し，断水やボイラーに多少の問題があったものの大きな被害はなく，特に影響は受けなかった．

(7) まとめ

こうして平取町のトマト栽培は，最初の6戸から現在のような主力の産業へと発展していった．ここまでに至るには，さまざまなターニングポイントがあり，そのすべてに農家の人々の情熱と努力がつぎ込まれている．また，トマトが主力の産業になった後も常に話し合いを欠かさず，「どうしたらもっと良くなるのか」を皆で考えており，農家同士や農家と農協の連携がよくとれているという印象であった．平取のトマトが安定期を迎えることができたのは，農家の方々の血のにじむような努力と，町全体がトマトを売り出すために連携しているからであろう．

今後の課題として，後継者問題や環境の変化に適応し現状維持をすることが上がっており，これからも平取町のチームワークで，安定したトマト栽培を続けてほしいものである．

3．リーダーのライフヒストリー

地域研修で学生たちが行ったリーダー層へのライフヒストリー調査では，以下の3人に2回の聞き取り調査をした．

・Iさん（64才）：JAびらとり野菜生産振興会，トマト・胡瓜部会長
・Nさん（55才）：JAびらとり野菜生産振興会会長，町議会議員
・Oさん（未確認）：JAびらとり野菜生産振興会，元トマト・胡瓜部会長

なお，この年度の学生たちも，意識変革の分析の際，筆者が定義してきた学習過程（意識変革）とは少し違う視点（「分析の焦点」）を設定して分析している．

(1) リーダーたちのライフヒストリー分析

調査対象者3人に関して，インタビューで得られた情報からライフヒスト

リーを作成した．そのライフヒストリーから，調査対象者３人が「ニシパの恋人」を作るにあたり，どのような意識を持っているか，また意識がどのように変化していったのかを分析する．

今回は農家の方２名，農協職員の方１名にお話をうかがう予定であったが，農協職員の方の都合が当日急遽悪くなり，農業を営むＯさんにお話を伺うことにした．

したがって，Ｏさんのインタビュー内容は事実確認として活用し，ここではＩさん，Ｎさんのライフヒストリーを分析した．

分析にあたっては以下の３点を焦点として設定したが，今回の調査では，調査対象者の意識変革が異なっていることがわかった．

①私のためから私たちのために

②私たちのためからみんなのために

③みんなのためから町のために

(2) Ｉさんのライフヒストリー

学生たちは，Ｉさんが以下のように意識変革したと分析した．

1) プロフィール

・64歳（インタビュー時）平取町出身

・2018年当時は，野菜生産振興会トマト・胡瓜部会部会長

2) Ｉさんがトマト農家を始める（1978年）

Ｉさんは，高校を出て２年間実家の農家にいたが，水田を拡張する工事により農業ができなくなった．そのため一時期は農家を離れていたが，24歳の時から現在に至るまでトマト農家をずっと続けている．

3) トマト・胡瓜部会の設立（1989年）――①私のためから私たちのために

Ｉさんは，人数が増えてきたからトマト・胡瓜部会ができたと述べており，それは平取のトマト農家をまとめていこうという意味であり，個人のためで

はなく周りの人のためへと意識が変わっていったといえる．

したがって，「私のためから私たちのために」という意識を，Ｉさんはトマト・胡瓜部会の設立時に形成したと思われる．

4)　新規就農者の受け入れ（2002年〜）――②私たちのためからみんなのために

Ｉさんは，外からくる新規就農者には，町と農協で協力をして受け入れており，さまざまな相談は，地域の人が団体で相談に乗っていると語っている．また，生産者を維持するために新規就農者を受け入れ始めたと語っており，後継者問題などの課題を考えることで，まちづくりへと発展していったと考えている．

したがって，「私たちのためからみんなのために」という意識を，Ｉさんは新規就農者を入れるということで形成したと思われる．

5)　平取トマト・胡瓜部会長になる（2008年〜）

2005年，Ｉさんがトマト・胡瓜部会の副部会長に就任したことにより，地域づくりに対する意識が高まったといえる．しかし，それは自発的ではなかった．Ｉさんは，仲間からの根気強い要望に折れた形で副部会長になったという．

その後，副会長を4年間勤め上げ，現在ではトマト・胡瓜部会の会長に就任している．断っていた副部会長だったが，現在では会長を努めているのは責任や意識変革が起こったからといえるだろう．Ｉさんが部会長になった年に「びらとりトマト栽培マニュアル」という冊子が作られた．これは，平取町のトマトづくりの基本を伝えるものであり，新規就農者がトマトを作りやすい環境を作るため，トマト・胡瓜部会で行っている．

6)　今後の展望

Ｉさんは，ブランドの維持と高齢者・後継者の問題が課題であり，ブランドの維持のために統一性を出したり，やめていってしまう人たちの土地を有効活用していけないかと考えているという.

(3) Nさんのライフヒストリー

学生たちは，Nさんが以下のように意識変革したと分析した.

1) プロフィール

・55歳（インタビュー時）平取町出身

・2018年当時は，野菜生産振興会会長であり，町議会議員

2) 農家になったきっかけ

Nさんは，札幌で建築業の仕事をしていたが，バブルに陰りが見え始め，仕事が減っていくことに危機を感じ，今のうちに戻って農家を始めようと思ったのがきっかけで，もともと農家をしていた父親の後を継いだ（1993年・当時30歳）．実際に辞めてから3年後に，勤めていた会社が倒産したという.

3) 花卉栽培を始める（1993年）

父親は1982年から花卉栽培をしており，Nさんは1993年から後を継ぎ，1998年（当時35歳）に花卉部会長となった．しかし，栽培の失敗が続くことで花卉農家が少なくなり，市場評価が下がってしまい，次第にトマト農家へと移行する農家が増えていった.

4) トマト栽培開始（2007年）——①私のためから私たちのために

Nさんも，花卉では続けていくことが難しいと考え，トマト栽培を開始した．トマト栽培の担い手の人々は，元は花卉農家が多い．花卉もハウスで栽培するため，同じくハウス栽培のトマトができるのでは，と考える農家が次第に増えていったという.

Nさんは，2007年にトマト栽培を開始しており，その時は先にトマト栽培を始めた先輩に，栽培のいろはを根掘り葉掘り質問した．しかし，その答えは一人ひとり違い，Nさんは「誰の言うことを聞けばいいのか」と迷った

が，収穫量が1番多く，賞を1番多く獲得して，収品率の高い農家に質問することに決めたという．

したがって，「私のためから私たちのために」という意識を，Nさんは花卉農家からトマト農家への変遷時に形成したと思われる．

5）野菜生産振興会会長になる（2007年）——②私たちのためからみんなのために

Nさんは，花卉の栽培をやめる2～3年前（2004～2005年）から，ホウレンソウを作りはじめたことをきっかけに野菜生産振興会に入った．そして，2007年にトマト栽培を開始すると同時に，野菜生産振興会の会長となった．

したがって，「私たちのためからみんなのために」という意識を，Nさんはトマト農家から野菜生産振興会会長に就任した時に形成したと思われる．

6）町議会議員になる（2015年）——③みんなのためから町のために

Nさんは，もともとそのつもりはなかったが，自分の住む地域の議員がやめたことをきっかけに議員になることになった．

しかし，議員になってみると農家を知っている人は少なく，農家のことを誰かがいわなければいけないと考えたという．

そのため，産業を衰退させないよう農家の現状や取り組みたいことを強く訴え，予算の補助をしてもらうことができた．その時，Nさんは農家をやっている議員もいた方がいいと気付いたという．

したがって，「みんなのためから町のために」という意識を，Nさんは野菜生産振興会会長から町議会議員に就任した時に形成したと思われる．

7）今後の展望

Nさんは，今後の展望について「トマト農家としてだけではなく，町議会委員として「びらとりトマト」というブランドをどのように守っていくのか．高齢化や過疎化による後継者不足に悩まされつつも，新規就農者の獲得や経営者の育成に尽力したい」と語っている．

4. おわりに

この年の学生たちは，①私のためから私たちのために，②私たちのためからみんなのために，③みんなのためから町のために，という2016年度の先輩たちから学び発展させた，独自の「分析焦点」を考えた．そして，IさんとNさんは，①②の意識について，それぞれ異なる時期にその意識を形成したと分析した．さらにIさんについては，町議会議員に就任して③の意識を形成したと分析したのである．

しかし，この分析のうち，特にNさんの意識変革の分析については，不十分さを指摘せざるを得ない．

学生たちは，2007年にNさんが花卉栽培を辞めてトマト栽培を開始した時を①の意識になったと分析している．しかし，そこで語られているNさんの言葉からは，自分や家族のために花卉栽培からトマト栽培に移行した様子しか筆者には読み取ることができない．また，同じ2007年にトマト栽培を開始すると同時に野菜生産振興会の会長となった時，②の意識になったと分析しているが，この意識は①の意識ではなかろうか．したがって，これらの分析はIさんの意識変革の分析に比べ，①と②の明確な意識の違いを確認することができず，不十分といわざるを得ない．

とはいえ筆者は，2人が地域づくりの主体形成を果たしていくプロセスには，「自治体社会教育」としての地域づくり教育に見られる意識変革があると考える．

ここでは，学生たちが考えた①とは，「B（地域づくりに対する限定された協同的意識）」であり，②とは，「C（地域づくりに対する市民としての協同的意識）」であると考える．そして③とは，「D（地域づくりに対する公共的意識）」であり，さらにIさんは町議会議員として，「E（地域づくりの主体としての公共的意識）」として行動しているとみることができる．

平取町でも，地域づくり教育が意図的に行われていたわけではない．学生たちが分析した意識変革は，２人のそれぞれ歩んできた人生が，地域づくりを自覚的に取り組む必要性を生み出したのである．

また，今回の調査では，これらの当事者であるリーダーたちの活動を支え「あの人が支えてくれたから，やってこられた」といわれる自治体職員や地域関連労働の担い手（今回は農協職員）から，聞き取り調査をすることができなかった．しかし，そこにも「一歩前」の意識変革による働きかけがあったと推測することができよう．

参考文献

『地域再生への道を探る（ゼミ誌第 11 号）』（北海学園大学経済学部１部地域社会論ゼミ，2019 年２月 14 日発行）
平取町ホームページ　http://www.town.biratori.hokkaido.jp/

第10章
栗山町の「ハサンベツ里山づくり」

1. はじめに

栗山町は，空知総合振興局の南部に位置し，道都・札幌市，空の玄関口・新千歳空港，港湾・苫小牧市に車で約1時間の距離にある，1次，2次，3次産業のバランスがとれた町である．

総面積は203.93km^{2}で，人口11,420人（男性5,294人，女性6,126人）世帯数5,778戸（2021年3月1日現在）である．

2020年度は，1部ゼミが沼田町，2部ゼミが栗山町で地域研修を行った．本章では，2部ゼミでの取り組みを取り上げる．

ゼミでは当初，地域研修の訪問地をゼミ生たちからの提案と投票によって決定する予定だった．しかし，コロナ禍で宿泊を伴う合宿研修が困難となり，卒業生が町の社会教育主事をしている栗山町で，宿泊せずに行うことになった．

栗山町では，「ハサンベツ里山づくり」という活動がちょうど20周年を迎えており，町民生活に定着したまちづくり活動となっていた．

以下，ゼミ誌『地域コミュニティ再生の可能性（第10号）』をもとに，栗山町の地域づくりの実際とリーダーのライフヒストリーを明らかにしたい．

2. 栗山町における「ハサンベツ里山づくり」の推移と活動

以下は，学生たちが事前調査や収集した資料，そしてリーダーたちからの聞き取り調査をもとに栗山町における「ハサンベツ里山づくり」の推移と活動を整理したものである.

(1) 前史

1985年：フィールドワーク中にオオムラサキを発見する.
1986年：Tさん栗山オオムラサキの会の事務局長に就任.
1988年：蝶と緑の里プロジェクトを策定.
1989年：環境省の「ふるさといきものの里」の指定を受ける.
1990年：ふれあいプラザ（いきものの里）を整備.
1991年：オオムラサキ飼育のため，雑木林の復元活動.
1992年：オオムラサキ自然観察飼育舎を建設.

(2) ハサンベツ里山20年計画

1999年：ハサンベツ地区の離農跡地約24haを町が購入.
2001年：「ハサンベツ里山計画実行委員会」が発足.
栗山20年計画「童謡が見える里山づくり」が始まる.
2002年：遠藤桃子さんが所有していた山林50haを町に寄付.
毎月第二日曜日を「ハサンベツ里山の日」と定め，さまざまな活動を開始.
町内外の方からの募金やボランティア活動などにより「ハサンベツ里山ビジターセンター」が完成.
新教育課程に基づく総合学習の受け入れを始める.
2003年：「セブンイレブン緑の基金」の助成を受けて水車，炭焼き小屋などを設置.

2005年：道州制モデル事業に選ばれ，ハサンベツ川上中流部の段差解消工事，土砂流出防止のための玉石組み，中流部の自然工法での流域面積拡張工事などを実施.

2008年：活動拠点となる，廃校であった旧雨煙別小学校の校舎の再生と利活用を目標にNPO法人雨煙別学校設立.

2009年：旧雨煙別小学校が公益財団法人コカ・コーラ教育・環境財団からの支援を受け，「雨煙別小学校コカ・コーラ環境ハウス」として再生.

2010年：雨煙別小学校コカ・コーラ環境ハウスがグランドオープン．以降，NPO法人雨煙別学校が管理・運営し，環境教育を行う宿泊可能な体験施設として宿泊研修やスポーツ合宿などで活用.

2013年：豪雨によりハサンベツ川支流の「火薬庫の沢」が大きな災害を受ける.

2013年～2020年：ハサンベツ川支流火薬庫の沢やふるさとの川等の再生と創生市民工事.

2018年：サケやマスの産卵場所作り等の課題を探り実現していく取り組みの講演．「雨煙別川いい川づくりシンポジウム」.

2020年～：ハサンベツ里山作業日には，町民や役場職員などを集めて自然体験を兼ねたまちづくり活動を実践している.

(3)　現在のハサンベツ里山づくりの活動

計10個のプロジェクトがある.

・「春の小川はサラサラ」プロジェクト

→ドジョウやイバラトミヨなど地域で普通に見られる生き物の生息地づくりとして2kmの小川を造成する.

・「森の木陰でドンジャラホイ」プロジェクト

→炭焼窯設置，雑木林づくり，70haの町民有志からの寄贈林地を将来に引き継いでいく恵みの森づくりを行う.

その他

・「ホーホーホタルこい」プロジェクト
・「夕焼け小焼けの赤とんぼ」プロジェクト
・「ミズバショウの花が咲いている」プロジェクト
・「菜の花畑に入日うすれ」プロジェクト
・「ゴトゴトゴットン～水車」プロジェクト
・「カッコウカッコウ鳴いている」プロジェクト
・「歴史の足跡をたどる」プロジェクト
・「自然観察や野外スポーツの場づくり」プロジェクト

(4) 雨煙別小学校コカ・コーラ環境ハウスの概要

1998年に廃校となった旧雨煙別小学校の校舎再生と利活用をめざして，2008年5月にNPO法人雨煙別学校が設立された．公益財団法人コカ・コーラ教育・環境財団および栗山町と連携しながら，自然体験イベント等の主催や町からの委託事業，環境フォーラム会場提供などのほか，小学校やスポーツ少年団，大学や企業など他団体の活動への協力・支援を行うような次世代を担う人材の育成や，地域活性化に寄与することを目的とした事業を展開している．

(5) NPO法人雨煙別学校の活動とその推移

以下の表10-1は，NPO法人雨煙別学校の活動の推移を整理したものである．

雨煙別学校で行われている主なカリキュラムは，以下の通りである．

・宿泊体験

薪割り体験や，火起し体験，炊事体験などができ，かつ自然をゆっくり満喫できる．宿泊学習や小学校の修学旅行に最適．

・屋内体験プログラム

ネイチャークラフトやキャンドルづくりなどができる．

表10-1　NPO法人雨煙別学校の活動歴

2008年	NPO雨煙別学校設立
2010年	東京芸術大学20人によるラウンドテーブル
	生物多様性条約第10回締約国会議（COP10）に提言提出
2011年	コカ・コーラ環境教育賞受賞の取り組みをまとめた事例集「環境のすすめ」を制作
2012年	スポーツ少年団合宿受け入れ
	地元の小学生を対象にふるさと教育支援活動開始
	ふるさと教育交流会共催
	教育実践研究会共催
2013年	JICA（国際協力機構）研修受け入れ
2014年	NPO雨煙別学校がオオムラサキ館の管理委託を町から受ける
2015年	アスEATキャンペーン事業受け入れ
2018年	オオムラサキ館リニューアルオープン

出典：資料および聞き取り調査に基づき学生が作成.

図工や自由研究に最適.

・ワークショップツアー

講師を呼んでの講習会や栗山町外にも足を運んでのツアーなど，もう少しじっくり体験したい方向けのプログラム.

3. リーダーのライフヒストリー

地域研修で学生たちが行ったリーダー層へのライフヒストリー調査では，以下の2人に2回の聞き取り調査をした.

・Tさん（70才）：ハサンベツ里山計画実行委員会委員長

・Mさん（55才）：NPO法人雨煙別学校環境教育リーダー

なお，今回は学生の人数も少なく，例年のような3人ではなく2人のみの調査となった．本章では，Tさん，Mさんのライフヒストリーを紹介する.

この年度のゼミ生たちは，意識変革の分析の際，Tさんに対しては筆者が定義してきた学習過程（意識変革）で分析し，Mさんについては独自の視点で分析している.

(1) Tさんのライフヒストリー

1) 前史（1950年～1984年）

Tさんは，1950年に夕張市の滝の上で生まれた．1960年まで滝の上の小学校に通っていたが，胆振の追分町（現・安平町）へ引っ越し，その後は追分町の小学校，中学校，高校に通った．滝の上や追分町では，幼い頃山や川といった自然のなかで，両親や地域の友人と共に昆虫や魚などの生き物と日常的に触れ合うという経験をしていた．この経験は，Tさんの人生で生物に関する活動の基盤となっていった．高校卒業後の1968年，Tさんは生物について学びたいと考えたため，北海道大学水産学部に入学した．

その後1974年，当時の高度経済成長の影響を考え，なんとなく堅い仕事に就きたいという理由から，小学校の学校事務職員の特別採用試験を受け，利尻島の小学校の事務職員として仕事を始めた．このときは町おこしについて考えていなかったが，地域の産業や自然，文化に興味を持っていた．

3年間利尻島の小学校に勤めた後，1977年に沼田町の中学校に赴任した．そこで，生物との関わりが深い校長先生と出会い，一緒にフィールドワークをしたことから，幼い頃に培った山や川での経験を思い出し，再び生物への興味・関心が強くなっていった．

2) Tさんとオオムラサキの会（1985年～2000年）

8年間沼田町の中学校に勤めた後，1985年に栗山町の栗山小学校に赴任した．そして同年の夏，御大師山で行われた栗山町の理科副読本作成のためのフィールドワークに参加し，国蝶オオムラサキを発見した．Tさんがオオムラサキを発見したとき，昆虫が食べるための食草や食樹が1本しかなく，オオムラサキにとって悲惨な状況であった．

Tさんは，「そもそも虫とかね，生き物好きだから．オオムラサキを見つけたら，やばい，これ残してやらなきゃ駄目だな」と考え，「御大師山とかハサンベツとか，ああいうところのフィールドに木を植えたり，将来にわたって生息していけるように雑木林を購入してもらったりする運動をするきっかけとなった」と振り返っている．この発言から，オオムラサキの発見が1986年から始まる地域づくりのきっかけとなり，学生たちはこの時期に，Tさんは「B（地域づくりに対する限定された協同的意識）」を形成したとしている．

また，Tさんはこのオオムラサキの生息地を守るための活動から，現在に至るまで栗山町のまちづくりに携わることになるが，「34年ずっとやっているから，色々オオムラサキっていう蝶を残す活動して，ハサンベツでもやって，雨煙別学校を再生して，今は夕張川の再生とかもしている．ずっと私のやることを信頼してくれて，ついてきてくれる地域の仲間がいる」と発言しており，学生たちは，オオムラサキを守る活動を進める仲間との間でTさんは「A（仲間意識）」を形成したとしている．

1986年に栗山オオムラサキの会が発足し，Tさんはこの会の事務局長に就任した．当時の日本は，開発を進める風潮があったため，御大師山に関しても，道路の整備やゴンドラの設置などといった開発を提案する人々がいた．オオムラサキの会は，こういった開発から蝶を守るために活動する必要があったが，「蝶を守ってどうするんだ．何にもならないじゃないか」と反対されることもあった．Tさんは，当時を「反対されたけど，人と自然，生き物がどうやったら仲良くできるかというふれあいトークという会を，88回くらいやっている．いろんなアイヌ文化から学ぶとか，農業と自然との関係とか，音楽と自然の関係とか，そういう文化も含めて連続講演をずっと続けていった．そういうのを積み重ねていきながら，町の人にオオムラサキ通信というのを出してね，広報活動して，啓蒙活動しながら，そういうしつこいぐらいの活動をして，そういう積み重ねがあって支持してくれる人たちが出てきたんだと思う」と振り返っている．この発言から，ふれあいトークや広報活動の積み重ねによって，学生たちは，この時期にTさんは町民との対立を乗り越えて合意形成を進める「C（地域づくりに対する市民としての協同的意識）」を形成したとしている．

3) Tさんとハサンベツ里山計画（2001年～2008年）

Tさんは，2001年7月から栗山町ハサンベツ里山計画実行委員会の事務局長になった．先に述べたオオムラサキの会の仲間との間で形成された「A」の意識の根拠となる発言から，ハサンベツ里山計画を進める仲間との間でも同様に「A」の意識が形成されたと，学生たちは考える．

Tさんは，2002年度から空知総合振興局の環境情報協議会委員となり，2003年4月からは栗山町立継立小学校に事務職員として務めている．同年には，夕張川流域会議委員（北海道開発局札幌開発建設部江別河川事務所）にも所属している．

ハサンベツ里山づくりでは，水辺の活動エリアをつくることを目的としていたため，以前から河川の治水・利水・環境事業に参加していたTさんは，青年会議所のOBたちと協力して夕張川流域の子どもたちの遊び場づくりを始めた．ハサンベツに限定せず，周りの地域と協力して活動しなければ川は良くならないと考え，結果的にそれがハサンベツのためになると考えた．

4) Tさんによる行政や企業との連携（2009年～現在）

Tさんは2009年に事務職員を定年退職し，同年には雨煙別コカ・コーラ環境ハウスがオープンした．雨煙別コカ・コーラ環境ハウスの設立に関して，Tさんは以下のように話している．「(コカ・) コーラが設立した財団は東京に本社があって，どこか環境教育をやる拠点施設を全国に求めている．そして，アトランタの本社，アメリカの本社でそのための資金を2億ぐらい持っていたらしくて，環境教育をやる拠点施設があるから，11月に栗山に来た．(中略) パワーポイントを使って栗山はこういう町で，スポーツ文化体験もできるし，自然体験も70ぐらいできるから，地域住民が手伝えればこういう環境教育の拠点として，文化活動の拠点としての受け皿はありますよ．グラウンドもありますよという話もした．そうしたら，2月のはじめに東京に呼ばれて，そのコカ・コーラ環境財団がお金を出してくれることになったって決まったんですよ」．

この発言から学生たちは，この時期にTさんは栗山町をアピールすることで認めてもらい，行政や企業とも連携して地域づくりの活動をしていこうという「D（地域づくりに対する公共的意識）」を形成したとしている．

さらにTさんは，2013年には栗山町の自治基本条例を作るという活動をした．この活動に関して，Tさんは「どうしたらこれ（ハサンベツ里山づくり）は実現できるかを考えたときに，町長と話をつけてやるとかは，特別な人でなきゃできないわけでしょう．だから，1人の人が全部物事を決めたらそこに従わなきゃだめだとか，それに逆らえないような町にするのではなく，町づくりのルールである自治基本条例とか，議会基本条例だとか，条例もちゃんと整備しなければならないと思う．しかし，なかなか個別の条例をつくったからと言って，うまくいかないから，自治基本条例の整備は，どこの自治体でも必要だと思う．やっぱり町を作っていくときには，それができるようなシステムを自治体では作んなきゃだめだと思うね」と，語っている．このように，自治基本条例をつくる会で培い，自らが条例を整備してきたと発言しているため，学生たちは，この時期にTさんは「E（地域づくりの主体としての公共的意識）」を形成し行動しているとしている．

2015年，Tさんは「博報賞」と「前田一歩園賞」を受賞し，教育委員会からも表彰された．また，同年に夕張自然再生協議会が設立された．さらに2016年には，町の善行表彰を受賞している．

2019年には，5月から11月の第2日曜日をハサンベツ里山の日として，里山づくりのための活動日を定め，2020年には夕張川自然再生協議会が雨煙別川支流でサケの稚魚放流会を開くなど，Tさんは現在に至るまで，栗山町や周辺地域の地域づくりに貢献し続けている．

(2)　Mさんのライフヒストリーと雨煙別学校

1)　Mさんの生い立ち

Mさんは，1965年に北海道札幌市に生まれ，1998年に結婚を機に長沼町に移住するまでの間，札幌で生活をしていた．

Mさんにとっては，中学3年生の時に日本野鳥の会札幌支部に入会したことが，現在の活動のきっかけになっている．元々鳥に興味があり，鳥を見ていたMさんは，高校生時代には野鳥の撮影を始め，大学を中退後に就職した印刷会社では，イラストレーターとしての活動を始めた．その後，鳥類を主体とした“WILDLIFE ART”をテーマに新聞や雑誌でも活躍した．

Mさんが22，23歳の頃には，西岡水源地公園の「西岡の自然を語る会」の一員となり，同会と栗山町のオオムラサキ館を中心とした活動が，同じ環境保全の目標を持つ仲間として交流しようということになり，Tさんと出会った．そして，のちにTさんから栗山町の活動に誘われるようになったという．

1994年に印刷会社を退社し，フリーでの活動を始めたMさんは，1998年に結婚を機に長沼町へ移り住む．Mさんは，長沼に移住したことで，札幌に住んでいた頃に比べてより一層栗山町と関わりを持つようになり，ここからハサンベツの活動や野鳥観察グループである「おっ鳥クラブ」の活動へ参加するようになっていった．

そして，Tさんが活動のプログラム化を進めるにあたって職員を募集した際，応募してきたのが自然に関する知識や経験のない人だけであったため，知識があるMさんは，Tさんに自然体験のプログラム作りを頼まれ，2009年にはNPO法人くりやまの職員として働き始めることとなった．

2) 雨煙別学校とMさん

NPO法人雨煙別学校は，元々Tさんのハサンベツ里山での活動を本格的にプログラム化するために立ち上げられた，NPO法人くりやまから始まっている．ハサンベツ里山で，Tさんが今までボランティアでしてきた活動を，Mさんが主体となってプログラム化し，廃校となった旧雨煙別小学校の校舎や敷地を使ってプログラムを行ってきた．元々，Tさんの活動は町民との繋がりが強く，Mさんはこの活動を「できるだけお手伝いする，そういった気持ちでNPOとして活動している」という．

2008年に設立されたNPO法人雨煙別学校は，これまでのTさんの活動が，NPO法人として成り立つよう，教育委員会と共に担い手を構想してきたという．Mさんは職業として成立させるため，栗山町の現状を認識した上で継続できる活動とそうでない活動を分けたり，町外に対するプログラムの作成や売り出し方を考えたりしており，運営を回していけるよう工夫を重ねている．

2011年からは，NPO法人くりやまよりプログラム部門がNPO法人雨煙別学校へ移籍して現在のように活動しているが，ここでの一番の委託事業は「ふるさと教育事業」であり，現在に至るまで，これを核として活動してきた．子どもたちにとって五感を使った教育が原点となるよう，Tさんが主体となり作り出した里山という環境を使った体験学習を，NPOとして人的・金銭的面から支援している．

今後のことを考えると，NPO法人雨煙別学校が栗山町教育委員会から受ける委託事業を，Tさんは「長く続けていただきたいのは当然」と言い，そのために栗山町としてのNPO法人の位置付けやフィールドの管理の担い手をしっかり考え直す必要があると見ている．

Mさんは，栗山の魅力を発信するという点で，NPOの活動は地域づくりの一環となっていると考えており，今までTさんがボランティアとしてやってきた地域づくりの流れを，これからは職業として組織として残していくためのNPOとなるよう，人材確保などの点を含めて見直している．

3)　プログラムづくり

Mさんが，NPOの職員として主に行ってきたのは，プログラムづくりである．学校の授業にプログラムを組み込んでいくことが，NPO法人くりやまでMさんらが行ってきたプログラムづくりの特徴である．学習指導要領に沿った体験学習のプログラムを考える過程では，栗山の学校の先生や参加する子どもたちの保護者からの声も含めたさまざまな人から助言をもらい，理科の授業での実体験を取り入れた授業づくりへの貢献や，教師の負担が軽減されるようなプログラム作成をしてきた．M さんは，いかに具体的に学校教育にプログラムを組み込むか，学校に対して事業として役に立っているのか，プログラム内容とのバランスを考えた金額の設定はどうするか，の点については現場の意見も取り入れ，試行錯誤を重ねてきた．M さんは，栗山町の教育委員会は，委託事業を共に行っていくスタンスである点が長所だと考えている．

4) NPO 法人雨煙別学校の今とこれから

2020 年現在は，年間 7,000 人（延べ 9,000 人）以上の利用があり，実際に活動に参加した学校の先生の中には町外に異動してもなお，また参加したいと栗山に来る例もある．

NPO の中心として活動する M さんが，今後必要だと考えることは主に以下の 5 点である．

①T さんの活動をこの先も引き継いでいくため，NPO の位置付けをしっかりとする．

②活動を受け継ぐための人材の確保．現時点では自然に対する十分な知識のある人も少ない上，それを仕事としてやっていこうとする人がなかなかいないため，人材確保にはボランティアという形でも人を集めることを考えなければいけない．これまで教育委員会と共に“ふるさと教育”の活動を作ってきたが，役場や町外で似た活動を求め，実践している団体との交流で情報共有や意見交換を行うことでの協力，新しい物事の吸収を図ること．

③フィールドの管理・維持．やり方を改めて考え，今よりも魅力的なフィールドを作ることも大切．

④町外に対するプログラムづくりや売り出し．

⑤広い範囲からの参加を促す情報発信．環境教育を目的として，多くの地域から栗山に来てもらえるような情報発信の改善．

5)　Mさんの意識変化

Mさんは，幼い頃から野山で遊ぶことが好きで，中学3年生の時に日本野鳥の会札幌支部に入会し，大学2年生までの間は野鳥撮影を中心に，当時は趣味として活動していた．この頃のことをMさんは，「最初はみんなでね，鳥を見るのが楽しいと思ったんですけど，やっぱりその鳥を見るという魅力っていうかね，そういうものを人に伝えるっていう気持ちがだんだん生まれてきた．もともとはね，そんなに人付き合いは好きじゃない，今でも好きじゃないんだけど（笑），得意ではない（笑）．なんとなく一人でずっと活動する，楽しんでいるのが好きだったんだけど，野鳥の会に入ることでそういった意識がちょっと出てきた」と語っている．

このことから，趣味としての意識から周りの人々へ自然について伝えたいという意識が芽生え，その後は実際に本の出版や，NPO法人における活動をするといった仕事の意識に変化したといえる．

NPO法人雨煙別学校に移籍後は，「やっぱり町外に売り出すプログラムをいかによいものを作るか，そういうところをやっぱり考えなきゃいけないですね．そういうところもがんばらなくてはいけないことだとは思っていますね」とMさんは語っている．

このことから，実際にNPOを運営していくための金額設定や，カリキュラムの考察に関する経営者としての意識が芽生えてきたことがわかる．

そして，「五感をきちんと使える，後々にはそこを原点にものごとを考える，教育もそう，勉強もそうなんだけど，そこのところをきちんと子どもの時に体験させておかないと，やっぱり何かちょっと偏ってしまうのかな」と語っている．

このことから，今までの活動をフルに生かし，子どもたちへ自然に関する教育を行うための教育の担い手としての意識が芽生えてきたといえる．

4. おわりに

学生たちは，T さんについては筆者が定義する「自治体社会教育」としての地域づくり教育に見られる意識変革を使って分析した．一方 M さんは，そのような枠組みでは分析が難しく，M さんの発言を手がかりに独自の意識変革の分析を行ったのである．

上記のように，T さんが地域づくりの主体形成を果たしていくプロセスには,「自治体社会教育」としての地域づくり教育に見られる意識変革があった．

栗山町でも，地域づくり教育が意図的に行われていたわけではない．学生たちが分析した意識変革は，2 人のそれぞれ歩んできた人生が，地域づくりに自覚的に取り組む必要性を生み出したのである．しかし，T さんには,「一歩前」の意識変革があり，M さんを含む他の地域住民に対して，その意識変革を促し支援している状況もみられる．したがって，T さんは第 6 章で述べた 3 種類のリーダー層のうち，1 つ目のリーダーであり，かつ 3 つ目のリーダーの役割もはたしており，栗山町では T さんによる意図的な地域づくり教育が行われていた可能性も考えられる．

栗山町の事例については，今後筆者自身のフィールド研究として行う予定であり，その実能を明らかにしていきたいと考えている．

参考文献

『地域コミュニティ再生の可能性（ゼミ誌第 10 号）』（北海学園大学経済学部二部地域社会論ゼミ，2021 年 2 月 24 日発行）
栗山町ホームページ　https://www.town.kuriyama.hokkaido.jp/

第３部　地域づくり教育のすすめ

第3部は，本著で学ぶ学生の皆さんに，将来筆者が主張してきた「自治体社会教育」としての地域づくり教育の担い手になって欲しいという願いをこめた2章である．

第11章では，これまで30年間筆者が行ってきた北海道内市町村でのフィールドワークを振り返り，北海道の地域づくりは進んだのかを問い，地域づくりが進んでこなかった原因を探り，地域づくり教育の重要性を再確認していく．

そして，第12章では，地域づくり教育の担い手として，2020年度からの社会教育主事養成カリキュラムの改定によって「社会教育士」の称号を付与されることへの期待について論じていく．

第11章
北海道の地域づくりは進んだのか

1．はじめに

筆者は，巻末の著者紹介のとおり，大学卒業後すぐに研究者を目指したのではなく，8 年間神奈川県相模原市教育委員会で社会教育主事として公民館に勤務していた．

その後，1991 年から今日まで 30 年にわたって，北海道内の各市町村をフィールドとした地域社会教育のアクションリサーチ（実践に関わりながら研究すること）によるフィールドワークを続けている．

本章では，筆者のこれまでのフィールドワークを振り返り，そこから得た知見をもとに，「北海道の地域づくりは進んだのか」を考えてみたいと思う．

2．筆者のフィールドワークから振り返る北海道の地域づくり

(1)　1991 年～1995 年のフィールドワークから

この期間は，筆者が北海道大学大学院生として社会教育研究室の一員として，調査法を学びながら集団としての地域社会教育研究に参加していた時期であり，それは「バブル」崩壊後の北海道の各地域が，主体形成していこうという時期だった．

その間，学部の社会教育ゼミの学生たちの地域調査のティーチング・アシスタントとして，中富良野町，新篠津（しんしのつ）村，恵庭市等を訪問した．

また，大学院の先輩院生の修士論文調査の手伝いで稚内市，筆者自身の修士論文等の調査で八雲町，白老町，浦河町，そして社会教育研究室としての委託や科研費調査で，美幌町，別海町で，それぞれフィールドワークを行った．

第 2 章で紹介した八雲町での調査の中心は，この時期に行ったものである．

別海町での調査は，1993，94 年度の文部省科学研究費補助金（総合研究A）「地域生涯学習計画化の構造に関する研究」（研究代表：山田定市北海道大学教授）における大阪府貝塚市と別海町のフィールド研究の一環として行った．その中で筆者は，「別海型生涯教育」の展開過程について調査研究を担当した．「別海型生涯教育」とは，当時別海町には中学校区が 10 あり，第 1 に学校教育を中心に進められたこと，第 2 に中学校区を 1 地区として地区ごとに生涯教育推進協議会がつくられ，地区ごとの取り組みとして進められたこと，そして第 3 に教育委員会の付属機関として生涯教育研究所が設置されたことが，特徴であった．

別海町の統計資料から，1994 年当時の人口（約 18,000 人）と 2021 年 2 月現在の人口（14,821 人）を比較すると 3,000 人以上が減少しており，学校数も中学校が 10 から 8 へ，小学校が 13 から 8 へと減少している．各地区に置かれた生涯教育推進協議会は，2017 年 3 月に別海町生涯学習推進連絡協議会設置条例が廃止され，その時は 6 地区のみで活動は展開されていた（平成 29 年度第 3 回別海町議会会議録を参照）．

浦河町の研究は，1993 年 7 月に北海道立社会教育総合センター（現・生涯学習推進センター）が，当時の全道 212 市町村に行った「生涯学習推進体制の整備～生涯学習計画の策定に関する調査」の結果をもとに，社会教育研究室の共同研究として生涯学習計画を策定した 23 市町村から計画書を集め，その内容を分析した．そこでは，計画書を「まちづくり型」と「教育サービス型」，そして「折衷型」に分類し，その代表として小樽市，新篠津村，別海町，浦河町の 4 つの市町村の計画書をさらに詳しく分析した．その結果，浦河町の計画書が最も優れていることがわかり，その後筆者が個人で浦河町でのフィールド研究をしたものである．当時，浦河町には，社会教育課社会教育係・青少年教育係，同課体育係（体育施設），図書館，博物館のそれぞれに専門職員各3人（社会教育主事・体育主事・司書・学芸員）の合計12人が配置されており，社会教育全体研修会による力量形成や生涯学習に関する相互理解が図られていた．したがって，生涯学習計画の策定や総合行政としての生涯学習体制整備は，これら専門職員によって進められていたのであった．

浦河町の統計資料から，当時の人口（約18,000人）と2021年2月現在の人口（11,969人）を比較すると6,000人以上が減少している．また，社会教育課社会教育係・青少年教育係，同課体育係（体育施設），図書館，博物館それぞれの専門職員も，現在は各1人（社会教育主事・体育主事・司書・学芸員）の合計4人と減少しており，社会教育全体研修会も開かれていない．

この期間に行ったフィールドワークは，農村自治体での農家調査も多く，学生たちと一緒の調査では，帰りにメロンをもらってきたり農村青年たちとの夜通しの懇親会を行ったり，楽しい思い出も多い．宿泊も旅館やホテルではなく，研修施設や集会所等での雑魚寝も多かった．しかし，それらの施設はすでに閉鎖されたところが多いと聞いている．

このように1990年代前半の北海道は，社会教育が生涯教育，生涯学習へと転換させられた「危機の時代」ではあったが，「町づくり，村おこし」の運動が活発になっていた時期でもあり，地域からの生涯学習を求める動きの中には，「地域づくりの主体」形成へ向けての取り組みや担い手が存在していたといえる．

(2) 1995年〜2000年のフィールドワークから

筆者は，1995年4月から北星学園女子短期大学の教員となったため，この時期には北海道大学大学院社会教育研究室での共同調査や学生の地域調査へ参加することはなくなった．しかし，短大では教職課程も兼担したので，毎年中学校へ教育実習に行った学生の巡回指導で，北海道内各地を訪問するようになった．その体験も，筆者にとってはフィールドワークだったと感じている．もちろん僅か数時間の滞在であり，地域の様子を見たという程度ではあったが，東は根室，北は名寄・紋別，南は函館・枝幸，西は岩内等，離島や名寄以北以外はこの時期にすべて回った．

一方，本格的なフィールドワークは，筆者の博士論文の調査対象地である白老町と，引き続き八雲町であった．

また，町長選挙に関わったことから，ニセコ町にはよく訪問するようになった．ニセコ町での町長選挙については，拙稿「自治を生み出す力――ニセコ町長選挙に関わって」で詳しく紹介したが，ここでその概要を少し紹介したい．

1994年10月17日（月）付の新聞は，「全国最年少町長誕生！」（朝日新聞）「おらが町の町長は35才！」（読売新聞）「35才・逢坂氏が当選」（北海道新聞）等，北海道ニセコ町町長選挙で新人の逢坂誠二氏が，現職を破って当選したことを大きく報じた．その後も，テレビや新聞で特集番組・特集記事として取り上げられたが，ほとんどが「全国最年少町長」や「下克上――役場の係長から町長へ」等と興味本位に伝えたにすぎなかった．

当時ニセコ町では，現職町長の無投票当選が確実視されていた．これに対して，ニセコ町役場の財政係長であった逢坂氏が，町長選出馬表明を行い，にわかに現職対新人の一揆打ちの選挙戦に突入したのだった．

筆者は，逢坂氏と「札幌地方自治法研究会」（代表・木佐茂男北海道大学法学部教授［当時］）等を通じて交友関係があり，氏の地方自治・住民自治に対する熱意やその研究への真摯な姿勢に日頃から共鳴しており，氏の勇気ある挑戦を応援したいと考え，1週間にわたる選挙戦を共に過ごした．

ニセコ町は，当時も観光の町として有名であったが，もともとじゃがいも等の畑作や水田，酪農等の農業中心の町であり，北海道内の他市町村と同様に年々農業人口が減少していた．しかし，一方で都会からペンション経営や大型ホテルの従業員等，観光業への就業のため転入してくる人たちも多く，人口は横ばいとなっていた．

このようなニセコ町で，いち早く「町おこし」の活動に取り組んだのは，新住民であるペンション経営者たちだった．都会からの脱サラ者によるペンション経営が始まり，1984年2月にはミニ独立国「ポテト共和国」が「建国」された．当時のニセコは，「スキーの町」としては有名であったが，夏は閑散としていたため，彼らは夏のニセコの自然をアピールしようとさまざまなイベントに取り組んでいたのだった．しかし，ニセコ町の中での彼らの存在は「山の人」と呼ばれ，「変わり者」のイメージが強く，広く町民に受け入れられてはいかなかった．したがって，彼らの活動と町の基幹産業である農業，そして地元の商店街等が直接結びつくような「町おこし」にはなかなか発展していかなかった．

一方，町の商工会青年部や農協青年部の中にも「町おこし」に取り組む動きが見られるようになり，町内の業種を越えた交流が求められるようになった．

そして，1993年6月には，当時役場の企画係長だった逢坂氏らが呼びかけて，「業種を超えて愛する故郷の未来を語り会おう！」とシンポジウム「本音で語ろう！　聞きたい，しゃべりたいニセコ」が開催され，観光業・商工業・農業に携わる若手が初めて一同に会した．そして，さらに継続してより突っ込んだ交流の場をつくろうと，1993年12月に「ニセコ経済懇話会」が「地域の発展の原動力となる経済人の相互交流と研鑽の場」（会の目的）として設立され，逢坂氏も事務局の1人として参加したのである．

また，役場職員の若手有志は，全国の自治体学会や札幌地方自治法研究会等で自治体職員の自主研修の必要性を痛感した逢坂氏らの呼びかけで，1993年9月に「ニセコ自治政策研究会」を発足させた．以後「町づくり」「職員研修」「自治」等についての学習会を開催するとともに，「ニセコ経済懇話会」との連携も深めていった．

このような中で，現町長の「町づくり」へのきわめて消極的な姿勢に部下として疑問を感じていた逢坂氏が，「住民参加による地方政府づくり」をめざして町長選挙への出馬を決意したのだった．

しかし，逢坂氏の町長選挙立候補に対して町民の風当たりは強く，「最初は家族の4票だけだった」（逢坂氏）というスタートだった．

そこでまず逢坂氏が始めたのは，「お茶の間懇談会」と名づけた町民と膝詰めの懇談だった．町内の団体・組織からの締め付けが厳しく，町内会をはじめ地域組織への支持依頼が不可能な中，また後援会を組織しようにも表だって支持表明してくれる人は少なく，逢坂氏は「1人でも2人でも自分の話を聞いてほしい」と，「お茶の間懇談会」の開催を呼びかけていった．それは単なる支持のお願いではなく，町民個々と膝を交えて町政について議論し，政策づくりを進めていこうと考えたからだった．

このような逢坂氏の呼びかけに応えてくれたのは，市街地の主婦層を中心とした女性たちであり，一度「お茶の間懇談会」に参加した女性が，「もっと多くの人に逢坂さんの話を聞いてほしい」と近所の人や友だちを集めて自ら「お茶の間懇談会」を開催するようになっていった．「お茶の間懇談会」は，選挙戦公示までの約2か月間に40数回開催され，延べ800人を超える人が参加した．逢坂氏や彼を支持する人たちは，そこで議論された課題を「まちづくり目標」として整理し，さらにその後の「お茶の間懇談会」での議論の材料とした．そして，最終的には選挙戦で「5つの目標70の政策」としてまとめられた．これは既存の組織や団体が失っていた住民自身の「声なき声」の掘り起こしによる「町づくりのための政策づくり」だったといえる．

その中で逢坂氏が特に強調した政策は，「住民参加の地方政府づくり」であり，具体的には「町民の声を聞く課の新設」「住民参加のための条例・要綱制定」「予算公聴集会の開催」等であり，そのための「情報公開」であった．

そして，10月11日から始まった選挙戦には，「お茶の間懇談会」に参加していた主婦層が，組織や地域のしがらみを克服して，自らの意志で選挙事務所に集まり，選挙運動員の食事の用意や友人への支持依頼等，積極的に選挙戦に関わっていった．

筆者は1週間，選挙事務所に詰め，アクションリサーチとして関わっていた．選挙事務所には，逢坂氏への支援と自らの活動の場を求めて，お年寄りが多く集まるようになっていった．このような「勝手連」的に集まってきた人々は，最終日にはおそらく 100 人ほどいただろう．ここでは，さまざまな出会いと情報交換があった．選挙運動に参加した女性やお年寄りにとっては，地域婦人会や老人会等，既存の地域組織の中では獲得できなかった「生きがい」がそこにあったと思われる．ここでは，選挙活動を通じて，これまで町の中ではあまりなかった異業種間および異年齢間のコミュニケーションが存在するとともに，自分達の住むニセコの町を発見し，町の実態を観察する「地域学習」の場があったといえる．

さらに，選挙カーでの遊説や個人演説会の終了後には毎日反省会が開かれ，さまざまな意見や質問が出され，それが深夜まで続いた．ある日の反省会では，遊説で回った地区の農業の現状が語られる等，まさに反省会は政策議論を媒介とした「地域課題の発見」の場になっていたといえる．

このようにニセコ町長選挙の過程は，「地域学習」の場，異業種・異年齢の人々がお互いに交流しあい，共に町づくりについて語り合う「地域課題の発見」の場であり，組織や団体に規定されない個（自分）の発見・自覚と個の自立に基づく町づくりの主体者意識の形成過程であったと見ることができる．

このような町長選での「自治を生み出す力」の芽は，第 4 章で紹介したその後のニセコ町の「自治を創る学び」の実践に引き継がれていった．

しかし，ニセコ町の実践は特殊事例ではなく，当時，まさに北海道全体に広がりつつあった．当時筆者も参加していた「札幌地方自治法研究会」「北海道比較地方自治研究会」「道央圏町村職員政策研究会」「政策型思考研究会」「自治体学会北海道フォーラム」には，多くの自治体職員が自主的に参加しており，それぞれが自治体ごとに職員の自主研修組織である「まちづくり研究会」や「政策研究会」を結成していた．さらに彼らは，住民のまちづくりリーダーや組織と密接な関係を持っており，ニセコでの逢坂町長誕生によって，「ニセコに学べ！」を合い言葉に，「住民主体の地方政府づくり」に取り組もうとしていたのである．

この時期は，1995 年 5 月に地方分権推進法が施行され，同年 7 月には地方分権推進委員会が設置され，第 1 次から第 5 次にわたる勧告を踏まえ，2000 年からの地方分権一括法が制定される時期と重なっていた．したがって，ニセコ町での逢坂町長誕生と，その後のニセコ町での「情報共有」と「住民主体」のまちづくりへの取り組みは，全国はもちろん，北海道内の多くの市町村，自治体職員に刺激を与えたのである．

この時期の動きを筆者は，内田（2001）で以下のように整理している．

1995 年 4 月から始まった「地方自治土曜講座」は，北海道町村会が前年度から北海道大学大学院法学研究科公共政策コースへの町村職員派遣事業を実施していたが，より多くの町村職員が大学院の講義に触れ，学ぶ機会をつくりたいとの課題に応えるために実施されたものであった．受講者は全道各地から集まり，1 年目の 1995 年度は 360 人，2 年目の 1996 年度はなんと 824 人となり，会場を 2 会場に分けざるをえない状況となっていった．以降，毎年全道各地から 500 人前後が受講しており，受講者の半数以上が町村職員であった．

北海道町村会では，「地方自治土曜講座」の成果を全道の自治体職員等に還元するため，講義記録を『地方自治土曜講座ブックレット』として刊行し，北海道内市町村へ配布するとともに，有料での販売を実施した．

このように，2000 年で 6 年目に入った「地方自治土曜講座」であったが，この間，受講者の中に地元地域で勉強会や研修会を組織する動きが活発に見られるようになり，これをきっかけに生まれた自主研究グループも相当数あった．その際，『地方自治土曜講座ブックレット』がテキストとして使われることも多く，「地方自治土曜講座」の講師に出前の講義を依頼する動きも広がった．

また受講生を中心に，地域版「地方自治土曜講座」の自主開催の取り組みも生まれ，年々広がっていった．北海道町村会では，1996 年度から「地域地方自治土曜講座連絡会議」を組織し，連絡調整を図るとともに受講者相互や講師との交流の場としての「サマーセミナー」を共同事業として開催するようになった．

一方，北海道自治体学会は，1986 年からの「自治体学会北海道フォーラム」の蓄積や各自治体における自主研究グループの発足，そして北海道町村会における上記のような一連の取り組みの流れの中，1995 年 7 月にニセコ町で行われた「第 9 回自治体学会北海道フォーラム in ニセコ」の会場で発足した．前年 10 月のニセコ町長選挙で，これらの一連の流れの真っ直中にいた逢坂誠二氏が当選したことが，その設立に拍車をかけたといえる．

北海道自治体学会の活動は，地域を巡回し現地実行委員会によって運営される年 1 回の「フォーラム」と，同じく年 1 回札幌で開催する「政策シンポジウム」が中心であり，その他，年 4 回の「ニュースレター」の発行，地域学習会への支援等である．「フォーラム」は，ニセコの後，1996 年には白老町で 500 人を超える参加者を得て行われた．さらに 1997 年には江差町，1998 年度は弟子屈町，1999 年度は北見市，2000 年度は芽室町で開催されていった．また「政策シンポジウム」は，1995 年から開催されており，1997 年にはテーマ別の分科会によって活発な議論が行われた．1998 年度からは，この分科会参加者を中心に個別の政策研究会として「環境」「議会」「食と農」等の研究会が結成され，この研究の成果を「政策シンポジウム」に反映させて実施した．「ニュースレター」では，「フォーラム」「政策シンポジウム」の内容を参加できなかった会員に伝えるだけでなく，会員同士の情報交換も積極的に進めていった．

このように，この時期の北海道における自治体職員の「自治を生み出す力」は，①全道レベルでより高度な専門的な知識を学ぶ場としての「地方自治土曜講座」，同じく全道レベルで異質領域の人々が討論し発表し交流する場としての北海道自治体学会の諸活動，②広域地域レベルの専門的知識を学ぶ場としての「地域地方自治土曜講座」や他の自治体の自主研究グループとの交流等，③自治体を基盤とした自主研究グループによる住民ともに学ぶ場と自らの具体的な地域づくりへの取り組み，という 3 つの段階での「学びあい」の重層的な展開と関連によって再生産されていたといえる．

筆者はこの時期，北海道自体学会運営委員兼事務局（1998年まで北星学園女子短期大学内田研究室に置かれた）として，「自治を生み出す力」を支える中心にいたのであった．

(3) 2001年～2008年のフィールドワークから

筆者は，2000年10月1日付で北海道教育大学生涯学習教育研究センターに異動した．同センターは，北海道教育大学の旭川キャンパス内に設置されており，当初は月曜から金曜日まで旭川で勤務し，金曜日から月曜日は札幌の自宅に帰っていたが，2001年からは正式に旭川市民となった．したがって，2001年からの7年間は，旭川市および道北・道東地域でのフィールドワークが中心になった．

旭川市では，大学のある北星地区の北星公民館で運営審議会委員長となり，旭川市市民参加推進条例に基づく市民参加推進会議の初代議長も務めた．

道北地域では，中頓別・浜頓別・枝幸・歌登（当時）の南宗谷4町と北海道教育大学との地域連携協定を結び，学生たちを含めた継続的なフィールドワークを行った．中頓別町では町の総合計画や「健康づくり計画」，そして生涯学習まちづくり計画の策定に，浜頓別町でも町の社会教育中期計画の策定に関わったのである．

北海道教育大学旭川校社会教育ゼミ（内田ゼミ）の学生たちとは，社会教育調査演習の一環として沼田町，深川市，滝川市，当麻町，本別町でフィールドワークを行った．

生涯学習教育研究センターの出前講座では，常呂町（現・北見市），小平町，帯広市等を継続的に訪問した．

また，ノーステック財団からの科研費が採択され，利尻島内利尻富士町及び利尻町でフィールドワークを行った．

一方，科学研究費補助金（基盤研究C）「市町村合併下における基礎自治体住民の力量形成に関する実証的研究」（研究代表：島田修一中央大学教授）による共同研究の一環として，ニセコ町でフィールドワークを行ったのもこの時期であり，その時の調査結果は第4章を参照されたい．

この時期は，2000年4月1日から地方分権一括法が施行された後である．結局，これらの法改正は，1995年に地方分権推進法ができ，地方分権推進委員会が設置された当初，筆者を含む自治体関係者が期待したものからは大幅に後退しており，「財源なき分権」と呼ばれるほど「名」だけが先行して「実」がないに等しいともいわれた．しかし，形式的にせよ機関委任事務の廃止などによって，自治体の主体性と自己決定権が強化されたことにより，自治体自身の主体的力量が問われる時代となった時期でもあった．

ニセコ町で全国初の自治基本条例が制定されたのも，白老町で協働のまちづくりが深化し自治基本条例を策定したのも，この時期である．

しかし，2001年4月に小泉純一郎内閣が発足すると，「構造改革なくして景気回復なし」をスローガンに，特殊法人の民営化など小さな政府をめざす改革（「官から民へ」）と，国と地方の三位一体の改革（「中央から地方へ」）を含む「聖域なき構造改革」を打ち出し，さらに郵政三事業の民営化を「改革の本丸」として，新自由主義に基づく「改革」が進められていった．

それに伴い市町村では，「平成の大合併」や公の施設への指定管理者制度の導入等が行われ，北海道は他府県ほどではないが212市町村が179市町村へ統廃合され，自治体の広域化と財政再建のための自治体職員の削減や合理化が進められていった．

当時，筆者が旭川にいて一番感じたのは，小さな町村のへき地校と呼ばれていた小規模学校の統廃合が，この時期に多く行われたことである．

以下，社会教育ゼミの学生たちと当麻町で行った社会教育調査演習の報告書（2007年3月）をもとに，学校が廃校になる地域社会の様子を紹介したい．

1) 当麻町の歴史と概要

当麻町は，北海道のほぼ中央部の上川支庁（現・上川総合振興局）管内に属し，管内でも中央部に位置している．東西は17.3km，南北は13.5kmにおよび総面積204.95km^{2}である．

当麻町は，1893年に広島・山口などから400戸の屯田兵とその家族の入地により始まった．当時，永山村字トウマと称し永山村（現・旭川市）所属の原始林の繁茂する地区であった．

1900年に永山村から分村し，永山村字トウマを「當麻村」と改称し，1958年に「当麻町」に昇格した．

当麻町の農業は，1970年に米の生産調整が始まったことが最大の難事であった．しかし，1971年には花卉センターの建設，1984年には，当麻のヒット農産品「でんすけスイカ」がつくられるなどして，米一辺倒の農業から脱却し，新たな産業を定着させていった．

また，1957年には鍾乳洞開洞，1991年には，世界の昆虫館「パピヨンシャトー」が完成するなど，観光にも力を入れている．

当麻町の人口は，2006年11月当時の時点で，男3,574人，女4,059人，計7,633人である（2021年2月末現在は6,366人）．

産業別就業者数は，2000年10月の時点で，第1次産業1,227人，第2次産業1,093人，第3次産業1,810人である．当麻町全体の農家総数は，2000年2月の時点で798戸であり，うち自給的農家127戸，専業165戸，1種兼265戸，2種兼241戸である．農家人口は2,891人である．

当麻町の公民館には，6つの分館がある．分館が設置された地区には，それぞれ小学校があり，小学校区毎に分館が置かれていた．しかし，当時からさらに小学校の統廃合が進んでおり，2021年現在の小学校数は2校である．

2）K地区における学校の役割

学生たちは，へき地における学校の役割に興味を持った．それは，メンバーの出身地が農村部と都市部であるという違いから始まった．学生たちは，それぞれ出身小学校の規模が違い，小学校に対する捉え方が異なっていた．小規模校で育った者は，小学校の行事には地域住民が当たり前のように参加し，小学校は地域住民の交流の場であるという認識があった．しかし，大規模校で育った者は，地域住民の交流の場は他にあり，小学校にはそのような機能はないと考えていた．

そこで，小規模小学校には，地域づくりの拠点としての機能があるのではないかと考え，地域における役割について焦点を当て，調査しようと考えたのである．

以上のことから，学生たちは全校生徒が8名である当麻町立K小学校を選び，K地区の住民に対する聞き取り調査などから，へき地における学校の役割を明らかにしようとした．

3) K地区の概要

K地区は，当麻町市街地から南東方向に位置し，1区から5区までの地区に分かれている．現在（2006年）104戸，170名，当麻町全体の約2%強にあたる人が住んでいる．170名のうち，60歳以上は62名で，そのうちの20名ほどが独居老人である．また，小学生が8名，幼児が3名と少子高齢化が顕著である．さらに，交通の便があまりよくないことなどから，地域を出ていく人も多く，過疎化も深刻な問題である．

そのような状況の中で，小学校の運動会や学習発表会は，地区の人たちも参加している．また，昭和30年代（1965〜1974年頃）から続く七夕祭も学校を拠点に行われ，総合学習の時間は老人会と連携しているなど，地区と学校が緊密な関係にあるといえる．

K地区は，戦後の開拓地である．戦前は，旧日本陸軍演習地であった．1945年8月15日，太平洋戦争の終結に伴い軍用地が農地として解放され，日本全国から旧軍人や引場者，集団疎開者などが食料自給のために，1945年から23年の間に計529戸の人たちが入植したという．10代から50代まで，単身者や家族持ちなど各々事情を抱えながら，衣服の不自由はもちろん，水道・電気・道路などのインフラや食べるものにも事欠くなか，開拓が進められた．日本全国から多くの人が入植したが，生活が安定すると各々故郷に帰っていったため，現在のK地区には開拓農家が少ない．

K地区の特徴として，開拓に入った人たちの中に師団長など，旧日本軍において高位にいた人たちが多かったことがあげられる．そのため，地区としての意見をまとめるのが非常に困難で，さまざまな葛藤があったという．そんな中，学校が中心となり地区をまとめていった．したがって，学校を中心にということが，今も色濃く残っている．

現在，公民分館の活動は，学校を中心に，地区協議会，老人会，PTA を中心に地区の行事などを企画運営している．

4) K 小学校の概要

K 小学校は，1946 年 4 月に旧陸軍兵舎を仮校舎として，当時の当麻村国民学校の分教場として開設された．校舎といっても天井板はなく，教室の仕切りもトタンを並べ，机や腰掛けも兵士が使用していたものを流用していただけであった．1949 年 9 月 1 日に，当麻村立 K 小学校に昇格した．これは，地域住民の運動によって勝ち取ったものであった．1959 年には，9 クラス 335 人というかなりの生徒がいたが，その後減少の一途をたどり，1970 年からは一部複式学級となった．近年は，児童数もさらに減少し，閉校の声もささやかれていた．2006 年度には児童数も 8 名となり，開校 60 周年という区切りを迎えることから，2006 年度いっぱいで閉校することが決まった．

5) 地域における学校の役割

①地域行事などの活動における学校の役割

K 地区では，学校と地域の行事の関係が非常に緊密だと思われる．学校と K 地区の関係について，K 小学校校長からの聞き取り調査によると，「学校の行事は，学校単独ではできない．児童の人数も少なく，地域の大人に入ってもらわなければ行うことができない」ということがわかった．また，K 公民分館長である A さん（40 代農家）からの聞き取り調査でも，「公民館行事は，学校の行事とタイアップしたものがほとんどである」というように，K 地区では学校行事とは，地域と学校の共通の行事として認識されているようである．また，K 小学校 PTA 会長の B さん（30 代農家）が，「学校が地域の行事をサポートしてくれて，事務局的な役割をしてくれている」というように，地域の住民も学校が地域にとって重要な仕事をしていると認識している．

②地域住民の学校のとらえ方

地域の行事と学校行事がタイアップしたものであるため，K 地区では地域住民が学校に出入りする回数が多いことがわかった．老人会会長である C さん（70 代無職）からの聞き取り調査によると，「学校での行事には，老人会として多くの人が参加している．また，学校での授業の一貫としても子どもたちと接することがあり，学校を通じた子どもたちとのふれあいを楽しみにしている人がたくさんいる」という．また，A さんと K 地区協議会長である D さん（50 代農家）は，ともに学校に子どもがいるため，親の立場からも，学校にはできるだけ協力したいと述べていた．また，B さんからの聞き取り調査からは，「地域の事を話す会議などは，学校で行うことが多い」ということがわかった．実際に学生たちも，地域の会議に出席させてもらったが，平日の夜にもかかわらず 20〜30 名ほどの人が集まり，学校を利用して会議を行っていた．

③ K 小学校閉校に関する意識

上記の通り，K 地区では地域における学校の存在は大きく，閉校に関する思いもさまざまである．子どもや孫を小学校に通わせる立場でもある A さん，D さんは，「子どもの数を考えると仕方がない．保護者の立場として子どもは環境の整った場所で育てたい」と述べていた．また C さんも，「寂しい気持ちもあるが，子どもを地域の犠牲にしてはならない」と述べていた．このように，閉校についてもやむをえないと地域が合意していることがわかった．

④閉校後の地域の活動について

現在行われている行事は，全て学校とタイアップしたものであったため，閉校後の地域行事について意識調査を行った．A さんは，「学校がなくなることで，地域の行事は縮小せざるをえないと思う．公民分館長としては，どうにか地域の行事を残していきたいと思う」と述べている．また，B さんや

Dさんも，「活動の規模縮小は避けられないが，地区の伝統行事は残していかなければならない」と述べ，閉校に伴う地域行事の縮小化には危機感を持ち，積極的な姿勢を示している人もいた．一方で，Cさんは，「学校の閉校によって，地域の過疎化に拍車がかかると思う．既存の行事は2年続けばよい方だと思う」と述べている．Cさんをはじめ K 地区の高齢者は，今後の生活のことを考え市街地に住居を移す人が近年増えており，閉校後の地域行事に対して消極的な姿勢の人もいることがわかった．

⑤閉校後の対策について

Aさんと D さんは，「公民館と地区協議会が，協力して考えていかなければならないが，今は閉校に関する行事に追われていて余裕がない」と述べている．Bさんも，「K 地区を故郷とする人たちのためにも，残っている者として地域を守りたいが，今は閉校のことで頭がいっぱいである」と述べているように，多くの人が危機感を持ちつつも，具体的な対応策を考えるまでには至っていない．閉校行事の作業に追われていることで，来年度のことは手つかず状態となっているようである．また，他の意見として D さんは，「それぞれが地域のことについて考え，どうにかしようとしているが，個人と個人をつなぐ人がいないため，全体として話が出てこないように感じる」と述べているように，地域のネットワーカー的人材の欠如を指摘している．またCさんも，「若い誰かが，地域を引っ張っていって行事を続けていってほしいと思う」と述べているように，地域の若いリーダーの不足を指摘している．

⑥考察

K 地区においては，学校が地域において重要な役割を担っていることがわかった．少子化に伴う児童数減少によって，地域が学校と協力してさまざまな行事を行い，そこでは子どもから高齢者までの，地域における交流の場として機能している．また，地域の行事のみではなく，日常の地域での会議や老人会の活動場所としても利用されていることから，地域の人による学校の利用頻度は多いことがわかる．

しかし，調査の中で，今後，地域で重要な役割を担ってきた学校が閉校になるということは，地域に大きな影響を与えることもわかってきた．その理由として，K地区における地域行事の目的が「子どものために」という意識が強いため，本来は公民館を中心として行われる地域行事が，学校を中心として行われてきたことが挙げられる．そのため，地域住民で進めていくべき準備段階から学校に頼り，今まで事務局的な役割をしてきた学校が閉校になることで，今後地域活動を中心となって進めていく組織（人）がいなくなってしまうことになる．また，今まで地域行事を学校に頼ってきた部分が多かったことから，地域住民には地域行事を自分たちのものとして捉えることができず，他人任せになっているように感じる．その結果，現段階での住民の意識は閉校行事にのみしか向かず，廃校後の次年度へ向けた話し合いまでには至っていないのである．

これらの調査を踏まえて，学生たちは学校が廃校した後のK地区について，今後の可能性について以下のように提起している．

そこで，私たちは次の可能性を模索してみた．K地区に限った話ではなく，現在日本には過疎化に悩む自治体，地域が多くある．子どもは，進学・就職などのために，多くが地元を離れ都市部へ移り住んでしまう状況にあり，その他さまざまな要因からこれらを食い止めることは難しいと考える．しかし，都市部へ行ってしまった人達も，故郷地元へ帰る機会は必ずあると思う．このある種地域への“愛着”という人と人の繋がりという部分を上手く利用することで，少なからず地域の活動を活発にできるものと考える．

具体的には，地域の行事を帰省時に合わせて行い，一時期だけでも地域に活気を持たせることが重要なのではないかと思う．地域住民は帰省してくる人々のために，閉校となったK小学校を舞台に地域行事を行うことで，地域の交流を維持することができるのではないだろうかと考えた．

このように旭川で暮らしたこの時期，へき地を多く抱えていた北海道の道北の市町村を中心にフィールドワークを行っていた筆者は，へき地から学校が無くなるという現状に数多く接することになった．そして，地域から学校がなくなると，子どもがいなくなるだけでなく，地域社会がなくなっていく方向に進んでいくのではないか，と考えるようになった．つまり，そこでは単純に家や人が減少していくのではなく，家と家，人と人をつなぐ役割を担う担い手や集う場所がなくなることで，人々が地域社会で暮らす思いや意識を喪失させていくのではないか，と考えさせられたのである．

(4) 2008年～現在のフィールドワークから

2008年4月1日付で，筆者は北海学園大学に異動し，7年ぶりに札幌へ戻った．経済学部地域経済学科に所属し，社会教育主事課程のみならず，地域社会論Ⅰ・Ⅱを担当することになった．

そこで筆者に突き付けられたのが，「地域とは何か」「地域社会とは何か」という問いであった．地域社会論Ⅰの講義を進める中で，筆者自身も「限界集落」や「買物難民」等の地域社会学の専門用語に出会い，地域社会が直面する全国的な課題を認識することができた．

特に「限界集落」については，2008年度～2009年度の北海道市町村振興協会「過疎・高齢化集落問題への対応に関する調査研究会」（座長：佐藤克廣北海学園大学教授）に副座長として参加し，2011年9月～2012年11月には，北海道の北海道集落対策促進会議（議長：柳村俊介北海道大学教授）の委員として参加した．そこでは，「限界集落」の解決へ向けた提言を行ってきたが，それは「むらおさめ」か「持続可能」かも含めて，基礎自治体が中心となり，地域に住む一人ひとりの住民が主体的に参加して，まずは現状把握をしながら，10年，20年後の地域社会の在り方を関係者みんなで考えていくことの重要性と，そのための見取り図を示すことだった．

さらに，2014年度～2015年度の北海道市町村振興協会「移住・定住施策の新たな展開に関する調査研究会」には，座長として参加した．ちょうどその頃，2014年5月8日，日本創成会議（増田寛也座長）が「消滅可能性都市」という言葉を使い，少子化による人口減少で全国896市区町村が将来の存続が危ぶまれると指摘した．そして，政府も「地方創生」を謳い，まち・ひと・しごと創生本部を設置し「総合戦略」を進めていった．

しかし，筆者たちが考えた「移住・定住」は，けっしてそのような「地方創生」政策の先取りでも，ましてや後追いでもなかった．研究会では，北海道における内発的な地域課題として「移住・定住」を取り上げ，そのために基礎自治体である市町村は今何をしなければならないのかを議論したのであり，「まずは移住施策在りき」ではなく，まさに内発的な課題として「移住・定住」を取り上げたのだった．

この間，フィールドワークを行った市町村は，北海道集落対策促進会議との関わりで占冠（しむかっぷ）村，第2部で紹介したゼミの地域研修で訪問した上士幌町，浦河町，留萌市，平取町，栗山町，そして本別町，芽室町．それから社会教育主事課程の社会教育演習で毎年合宿研修として行う地域調査で訪れた中富良野町，占冠村，沼田町，浜頓別町，訓子府（くんねっぷ）町，八雲町，栗山町である．

筆者は，2011年度から複数の科研費が採択されて韓国の地域づくりの研究を行っており，近年は韓国でのフィールドワークが増えている．したがって，この時期の北海道内市町村でのフィールドワークは，第2部で紹介した事例が中心になる．

この間，もっとも関わりが深くフィールドワークを何度も行ったのは，占冠村であった．2011年度の地域社会論ゼミ（1部）は，地域研修の訪問地として占冠村トマム地区で調査を行った．この年はまだ，社会調査（質的調査法と量的調査法を2年おきに実施）による地域調査ではなく，占冠村からの依頼による地域住民への聞き取り調査であった．そして，2012年度も占冠村からの依頼で，学生たち（有志）と地域住民とのワークショップを行った．そして，2013年度には占冠村からの依頼で，学生たち（1部・2部ゼミ生有志）と村内S地区でT型集落調査を行い，集落の未来を地域住民と役場職員とが語り合う場でその調査結果を報告した．

当時S地区の世帯数は23であったが，親子で別世帯になっている世帯を1つの世帯と整理したため，世帯数は21となった．統計では，23世帯56人となっていた．子どもがいる世帯はほとんどなく，60才以上が8割を占めていた．7割以上が，これからもS地区で暮らし続けていくことを望んでいたが，他出子（他の地域に住んでいる子ども）が，10年後帰ってくる予定があるかという質問に対して「ある」はわずかに2世帯，さらに10年後の他出子によるサポートの可能性について「ある」は6世帯だった．農業を営み，後継者がいると回答したのは3世帯であり，10年後に地域に残る世帯は半分以下になることが予想され，地域での共助による集落維持は難しいことがわかった．その後，S地区には地域おこし協力隊員が移住し，地域の人々を見守りながら，役場全体で集落の生活を支えていくことになった．2015年度国勢調査によると，S地区は20世帯48人となっている．

一方，「移住・定住」では，地域研修で訪れた上士幌町や沼田町が，最近「成功事例」として取り上げられることが多い．上士幌町では，返礼品が人気のふるさと納税を活用して，保育園から高校卒業までの無料化を実施して子育て世代の移住を増やし，人口増に繋げているという．また，2020年度のゼミ（1部）でも訪問した沼田町では，市街地の空き家をリノベーションして移住住宅にするなど，移住者受け入れに積極的に取り組んでおり，「2021年度版　住みたい田舎ベストランキング」（雑誌『田舎暮らしの本』宝島社）で，北海道エリアの1位にもなっている．

3. 地域づくりの担い手は定着したのか

以上のように，筆者の30年にわたるフィールドワークを振り返ってきた．その間，北海道内の全ての市町村を訪問できたわけではない．しかし，14の旧支庁管内には全て足を踏み入れており，研修会や講演会等で多くの自治体関係者と出会ってきた．そこでは，2001年以降は第1部で紹介した「自治体社会教育」としての地域づくり教育の重要性について，必ず論じてきたはずである．学生たちとの社会教育調査演習や地域研修，社会教育演習の合宿調査等で訪問した自治体でも，折に触れ「自治体社会教育」について自治体関係者に語ってきた．

ならば，北海道の地域づくりは進んだのかといえば，進んでいてほしいと思いつつも，あまり進んでいない，後退している自治体も多いのでは，と考えてしまう．

それは，なぜだろうか．筆者が考える「自治体社会教育」では，地域づくりという自治体の仕事は，「市民」としての住民が，「プロ」「セミプロ」「アマチュア」として協同・協働で担うものである．「プロ」とは自治体職員，「セミプロ」とは議会議員や審議会委員等，「アマチュア」とは一般住民のことである．そして，それぞれが担い手として「市民」になっていくことが地域づくり教育の前段部分であり，「市民」が自治体の政策過程を協働で担っていくことが地域づくり教育の後段部分である．したがって，自治体の中にそのことを理解した「プロ」はもちろん，「プロ」と「アマ」を繋ぐ役割を果たす「セミプロ」，そして「アマ」である住民リーダーが複数存在して，連携し協同・協働していかなければならないのだ．これは，第2部のリーダーのライフヒストリーからも明らかにしてきたことである．

しかし，実際には北海道内の多くの市町村は，地域から学校がなくなったり，自治体職員の数が減らされたり，地域関連労働の担い手が減ったりと，人口減少による人の数だけでなく，地域づくりの担い手がいなくなってきた．1995年からの地方自治土曜講座に集まった「自治を生み出す力」であった自治体職員や学校（当麻町の事例で述べたように，学校の存在は地域住民にとっても活動の場所・心の拠り所である）の教師たちは，まさにそれを支える担い手だったのである．

そのように考えていくと，2001年以降の新自由主義に基づく「構造改革」が，それらの担い手たちを地域から奪い取っていったのであり，地域づくりの担い手が地域に定着できない実態が浮かび上がってくる．

4. おわりに

藤山浩は,「新しい風」も吹いてきたとして,2010 年代以降これまで過疎に苦しんでいた縁辺部の離島や山間部で,若い世代を取り戻す田園回帰が勢いよく起きていると述べている.そして,全国の「消滅可能性」といわれた市町村の中に,人口が増加している市町村もあり,それは「縁辺革命」だと主張する.さらに「縁辺革命」の成果として,人口の社会増加率(2014 年 1 月から 2019 年 1 月まで)の上位 20 位自治体を表で示している.北海道では,占冠村(1 位),赤井川村(3 位),留寿都(るすつ)村(7 位),ニセコ町(8 位),上士幌町(15 位)がランクインしている.だが,ニセコ町は第 4 章で述べたとおり,近年は外国人の移住が増えており,赤井川村と留寿都村もニセコエリアに隣接するリゾート地である.占冠村も,トマムリゾートがあるリゾート地であるが,もともと人口が少ない村であり,この時期にトマムリゾートでの雇用が増え,インバウンド誘致のため外国人労働者を多く雇用したと聞いている.藤山も,占冠村,赤井川村,留寿都村,ニセコ町については「海外からのリゾートブームの影響」として別としている.しかし上士幌町は,先に述べたように,ふるさと納税をもとにした子育て支援による子育て世代の移住に伴う社会増である.帯広市という都市部で働く子育て世代の移住が多いと聞いている.

藤山は,「縁辺革命」の理由を鹿児島県や高知県の事例から「小規模・分散・ローカル」な,地域に根差した長続きする新たな「生態系」をつくり始めていると説明している.果たして北海道では,「小規模・分散・ローカル」な,地域に根差した長続きする新たな「生態系」をつくり出すことは可能なのだろうか.

藤山が事例として上げた鹿児島県十島村では,ベテラン島民が師匠となって移住者に仕事を教える「指導者制度」があり,高知県檮原町には伝統的な地域自治の力と,それを支える「小さな拠点」としての集落活動センターが地区ごとにあるという．そのことは，筆者が考える地域づくりの担い手が，その自治体の中にしっかりと位置づいているということではないだろうか．

北海道で藤山がいう「縁辺革命」を起こすためにも，地域づくりの担い手がしっかり地域に根づく努力をしなければならないと痛感した次第である．

参考文献

山田定市編『地域づくりと生涯学習の計画化』（北海道大学図書刊行会，1997）
内田和浩他「市町村における生涯学習計画の実際——北海道内市町村の「生涯学習計画書」の分析から」（『月刊社会教育』1993年11月号，国土社，1993. 10）
内田和浩「自治を生み出す力——ニセコ町長選挙に関わって」（『月刊社会教育』1995年5月号，国土社，1995. 4）
内田和浩「市町村における生涯学習施策の展開と社会教育職員の自己形成——北海道浦河町を事例に」（日本社会教育学会紀要1995年度No. 31, 1995. 6）
内田和浩「生涯学習政策の市町村への浸透状況——北海道を事例に」（北星学園女子短期大学紀要第32号，1996. 3）
内田和浩『「自治体社会教育」の創造』（北樹出版，2001）
『ゼミ誌第4号　足跡』（北海道教育大学旭川校生涯教育課程コミュニティ計画コース社会教育ゼミ，2007. 3）
藤山浩『日本はどこで間違えたのか』（河出書房新社，2020）

第12章
担い手としての「社会教育士」への期待

1. はじめに

筆者は，1995年以降，非常勤で札幌市内の大学で社会教育主事課程の科目も担当するようになり，2000年からは北海道教育大学生涯学習教育研究センター教員として，学部および社会教育主事講習で社会教育主事養成に関わってきた．2008年からは北海学園大学に移り，経済学部で地域社会論Ⅰ・Ⅱを担当するとともに，全学の社会教育主事課程を担当し，社会教育主事養成を続けてきた．

しかし，社会教育主事とは，自治体（市町村，都道府県）の行政委員会の1つである教育委員会の事務局に勤務する地方公務員・教育公務員の職名であり，大学の社会教育主事課程では社会教育主事の任用資格を付与することしかできず，実際に社会教育主事になるためには，各自治体の教育委員会に採用された上で，社会教育主事の辞令を発令されなければならない．さらに，社会教育主事の設置人数が人口比等の基準で決まっているわけではないので，法律上各自治体に必置ではあるが，百万人の政令指定都市に1人しか社会教育主事がいなかったり，5千人の町に3人いたりと自治体ごとにバラバラであり，近年はその設置人数の減少が顕著である．

筆者は，自らが社会教育主事であった経験を生かして，25年以上北海道での社会教育主事養成に関わってきており，すでに多くの市町村で卒業生が社会教育主事になっている．そして，彼らは「自治体社会教育」としての地域づくり教育を理解し，地域づくりの担い手として活躍しているのである．

2. 社会教育主事養成への期待と限界

以下は，2012年4月22日に開催した「北海道社会教育主事養成等大学連絡会　第1回　研究協議会」で，筆者が行った「今，なぜ社会教育主事養成か?!」という基調講演の内容を要約したものである．当時，筆者は「今こそ，社会教育主事養成が必要だ」と考え，北海道内の社会教育主事養成課程等を持つ大学のネットワーク化を計っていた．

北海道は，特に21世紀に入ってから急激に地域社会の変貌が進んでいる．その1つは，札幌圏への人口の集中である．約550万人の北海道の人口のうち約190万人が札幌市に集中しており，今後は北海道全体の人口はさらに減少していくが，札幌市の人口はほとんど変わらず，札幌圏への激しい人口集中が強まるだろう．それに対して，北海道内の他の地域は，過疎はもちろんだが少子高齢化が急激に進んでいる．高齢化は都市部でも同じだが，地方の問題は子どもや若者がいないことであり，高齢者が増える一方子どもや若者が減っているという問題である．すると，その地域は地域として将来成り立ちえなくなるのであり，地域の未来予想図を描けない地域となり，地域社会が無くなっていくのではないか．

そのことを克服していくには，一部の人々だけではなく，多くの人たちが地域の「社会力」を総動員して，地域再生をしていかなければいけない．地域社会の危機を何とかしようという人々の力を結集して，学び合い考え行動して危機を乗り越えていかなければならない．そのためには，社会教育の力が，今，まさに求められている．

当時，筆者は北海道社会教育委員の会議議長として，北海道教育委員会に「社会教育行政として家庭の教育力の向上を図り，学力・体力向上に向けた子どもの望ましい生活習慣づくりを推進するための方策について（答申）」（2012年6月）を提出しようとしていたが，そこでもそのことを強く主張していた.

しかし，いくら地域の人たちに「社会教育が重要だ」といっても，社会教育との出会いを多く持っている人でなければ，すぐに理解することはできない．職業として専門職として「人育ち」や「人間発達」の支援を担うのは，社会教育主事しかいない．自治体で働く職員の中には，保健師とか保育士とか，さまざまな専門職の人もいる．自治体で働くだけではなく，地域には弁護士や医師などさまざまな専門家もいる．そして，いわゆる地域関連労働者もいる．しかし，それらの人たちを繋ぎ，それらの人たちの力を結び，人育ちの支援をできるのは，社会教育主事しかいない.

したがって，今こそ社会教育主事としての力量をもった若者を，大学は 1 人でも多く育てる義務と責任があり，その人たちが活躍できる地域社会をつくっていかなければいけない．そういった内容の講演であった.

このように，筆者は 21 世紀に入った直後から，北海道の人口減少と札幌一極集中による「地域消滅」への危機を痛感していた．そのための社会教育の重要性と力量を持った社会教育主事を北海道内の各市町村に配置していくことを主張し，大学での社会教育主事養成を行ってきたのである.

しかし，先に述べたように社会教育主事は任用資格であるため，自治体職員になったが社会教育主事を発令されなかった者は，自治体の中で「社会教育主事の力量」を活用する場面がないことが多く，地域の人々をネットワークで結びながら，地域づくり教育の担い手として活躍することが難しい状況だったのである.

3. 社会教育主事養成のカリキュラム改正と汎用資格「社会教育士」

そこで筆者は，日本社会教育学会や全国社会教育職員養成研究連絡協議会(社養協) での活動を通じて，社会教育主事任用資格の有資格者が汎用資格として「コミュニティ学習支援士」等の称号を名乗れるような制度改正や民間での資格の創設を主張してきた.

その主張の１つとして，2013年6月4日に開催された中央教育審議会生涯学習分科会の「社会教育推進体制の在り方に関するワーキンググループ」に出席し，「地域づくりの担い手育成における大学の役割――北海学園大学社会教育主事課程の取り組みから」と題する報告を行い，社養協での取り組みを踏まえて，「地域の人びとの学習や活動に関わる職に関する新たな資格（例えば「コミュニティ学習支援士」）など）を提案している．

さらに，上記「社会教育推進体制の在り方に関するワーキンググループ」の報告を踏まえて，文部科学省が設置した「社会教育主事養成等の改善・充実に関する検討会」にも，2017年7月14日の第4回会議に出席した．そこで「今後の現職研修のあり方」と題して，社会教育主事養成の新しいカリキュラム改正後の現職研修として「学生の養成と現職研修の一体化」と「大学院での研究・教育と現職研修とのコラボの可能性」，そして「社会教育主事有資格者の全国，都道府県レベルでの職能団体結成の必要性」等を提案したのである．

「社会教育主事養成等の改善・充実に関する検討会」の報告を踏まえて，2018年2月28日付で「社会教育主事講習等規程の一部を改正する省令」（平成30年文部科学省令第5号）が公布され，2020年4月1日から施行された．ここでは，新たに生涯学習支援論と社会教育経営論が必修とされ，大学での養成課程では社会教育実習も必修となった．さらに，講習または養成課程を修了した者は，社会教育士（講習）または社会教育士（養成課程）の称号（汎用資格）が付与されることになったのである．

4．社会教育士への期待と課題

このように，2020年度以降，筆者は汎用資格である社会教育士と称する地域づくり教育の担い手を養成し，地域社会へ送り出していく．社会教育主事としてだけではなく，自治体職員として，地域関連労働の担い手として，地域社会で暮らす住民として，社会教育士は１つの自治体に何人も存在することになっていくだろう．

文科省が作成した社会教育士のPRホームページには，社会教育士が「学びによる人づくり，地域づくりに中核的な役割をはたす」とし，基礎自治体としての地域の中で，役所（首長部局），教育委員会，社会教育施設，民間企業，NPO，学校などの多様な主体に社会教育士がいることで，さらなる学習機会の充実とネットワーク化が可能になり，地域コミュニティの維持・活性化につながっていくと，社会教育士への期待が描かれている．

筆者も，そのような期待を強くしているが，社会教育士が1つの自治体に何人も存在したからといって，このようなネットワーク化がすぐに図れていくわけではない．そのためには，多くの課題があると考える．その一番の理由は，社会教育士と名乗ることができたからといっても，一人ひとりの職業は異なり，正規・非正規の違いやボランティアの人もいる．その力量や意識もバラバラであろう．社会教育主事や自治体職員の社会教育士が，そのネットワーク化を図ろうとしても，果たしてすぐにうまくいくかはわからないだろう．

では，どうすればよいのか．筆者は，以前から主張してきたように，まずは職能団体を結成していくことから始めなければならないと考える．

韓国では，平生教育（日本の社会教育にあたる）の専門職として平生教育士が位置づけられており，全国組織の韓国平生教育士協会等の他，広域自治体や基礎自治体レベルでも平生教育士協会や平生教育士会等の職能団体がある．

全国レベルの職能団体として，2002年5月に設立された社団法人韓国平生教育士協会がある．その設立目的には，「平生教育の振興，育成，発展に貢献．平生教育士の権益伸長と専門性の向上．平生教育機関や団体との連携を通じた平生教育の活性化」が謳われており，研修事業では「平生教育士の力量強化事業」として，「平生教育士研修およびセミナー（平成教育士の時代と社会への感度を高めるための研修やセミナーの開催・本会の会員を中心とした現場密着型研修の実施・全国の平生教育士を対象とした地域ベースの平生学習研修やセミナーの実施)」と「市民教育円卓討論の運営(平生教育士の役割についての視点再確認・平生教育士が身につけるべき社会的価値の発見・社会現象への平生教育士の対応戦略の準備)」が挙げられている．その他，組織管理事業，対外協力事業，研究および政策開発事業が行われており，小規模平生教育士会の結成支援や地域平生教育士協会との交流，平生教育関連機関・団体との連携，平生教育士制度の発展に関する提案，そして平生教育政策の開発等がその内容である．

わが国でも，2020年7月に一般社団法人日本社会教育士会が，「社会教育士自身が専門職の職能集団として会を運営し，会員の力量向上のための研修や幅広い分野で活躍する会員相互の情報交換を行い，ネットワークを形成していくことを目指します．併せて，社会教育士の存在を広く周知していくとともに，社会教育士の地位向上にも取り組んでい」くことを，その設立趣旨に掲げて設立された．活動内容として，①研修会：力量形成を目指し，全国各地で実施．②研究会：研修会の質の向上を目的に開催，会員限定．③シンポジウム(講演会)：社会教育士制度の展望をテーマに開催．④ニュースレターの発行季刊(年4回)を掲げている．筆者も設立会員として参加しており，北海道地区担当理事として，今後北海道での社会教育士の組織化とネットワーク化を進めていきたいと考えている．

このように社会教育士の全国的な，そして北海道地区レベルの職能団体の組織化が進むことで，個々の社会教育士の力量形成も図られ，自治体ごとのネットワーク化が進んでいくことが期待される．地域づくりの担い手の要と社会教育士がなって，北海道はもとより全国各地で活躍していくことを願っている．

参考文献

内田和浩「〈講演記録〉今，なぜ社会教育主事養成か」(北海学園大学経済学会『経済論集』第60巻第4号，2013.3.30)
内田和浩「新しいカリキュラムにおける「実践力」の育成：実践と理論を総合的に学ぶ生涯学習支援論」(日本社会教育学会編『社会教育職員養成と研修の新たな

展望』東洋館出版，2018.9）
内田和浩「韓国の平生教育士協会」（高井正，中村香編著『生涯学習支援のデザイン』玉川大学出版部，2019.10）
一般社団法人日本社会教育士会　https://shakyoshi.org/
文部科学省　https://www.mext.go.jp/a_menu/01_l/08052911/mext_00667.html

あとがき

本著は，地域社会論の2冊目のテキストである．北海学園大学経済学部の一員として，本シリーズとして2冊目を出版できることを感謝したい．編集でお世話になった日本経済評論社の清達二氏・梶原千恵氏には，心より御礼を申し上げる．

筆者が北海学園大学に勤務してから，すでに13年の歳月が流れた．大学教員としても，26年もの歳月が流れたことになる．

地域社会論IIの講義は，主に経済学部1部2部の1年生が後期に受講する科目であり，前期の地域社会論Iに引き続き多くの学生が履修している．2年生に進級する際，経済学科か地域経済学科かへの配属が決まる現在の入試制度がスタートして10年が経ち，必修ではないが必修科目のような位置づけになっている．

しかし，前期のみの履修で辞める学生も少なからずおり，多くの学生が地域社会や地域づくりに興味を持てないまま履修している．特にこれまでテキストとして使用してきた拙著は，自分で言うのもなんであるが難解な文章表現も多く，具体的な実例を挙げながら話さなければ伝わりにくかった．講義では，学生の理解度を確認しながら，毎年レジュメや講義内容をバージョンアップさせてきたつもりである．第1部の各章でまとめたことは，まさに筆者と学生たちとの学びあいの成果であり，筆者の悪戦苦闘の結果でもある．

地域社会論IIの講義でも，「○×カード」による双方向授業を行ってきた．講義日の朝刊から北海道内の市町村に関わる記事を選び，授業開始時に紹介もしてきた．しかし，2020年度はコロナ禍のため，大人数の講義は行うことができず，オンラインによる講義となった．筆者は，PowerPointに音声録音してオンデマンドで講義を配信したため，この1年間は全く学生たちと直接会うこともリアルタイムでやり取りすることもできず，ひたすらマイクに話しかけてきた．

本学では，2021 年度も大人数の講義はオンライン授業が行われており，後期もコロナ禍が収束しなければ，継続されるだろう．1 日も早く，対面での講義が可能となり，学生たちの反応を確認しながらの授業が展開できることを願いたい．

今後は，本著をテキストにして授業を進めていくが，さらにバージョンアップさせ学生たちの興味・関心を高めていきたいと思う．

最後に，本著を執筆中の 2021 年 5 月 17 日，父・定雄が 90 才で他界した．前著『参加による自治と創造　新・地域社会論』の序章に書いたように，父が電力会社に勤務し小学生時代に苫小牧市の社宅に暮らした経験が，私と地域・地域社会との出会いであった．本著は父に手に取って読んでもらうことはできなかったが，仏前に捧げ感謝の気持ちを伝えたい．そして，今年 86 歳になる母・敏子に，これからも少しでも元気で長生きして欲しいと願い，本著を捧げたい．

2021 年 5 月末日

北海学園大学での 14 年目の初夏に

内田和浩

索引

【欧文】

【あ行】

【か行】

【さ行】

【た行】

【な行】

【は行】

【ま行】

【や行】

【ら行】

【わ行】

著者紹介

内田和浩（うちだ かずひろ）

北海学園大学経済学部教授．1960 年北海道室蘭市生まれ．小学校から高校まで苫小牧市で育つ．中央大学文学部（社会学専攻）卒業．神奈川県相模原市教育委員会社会教育主事として市立橋本，麻溝公民館に勤務．北海道大学大学院教育学研究科博士後期課程単位取得退学．博士（教育学）．専門社会調査士．北星学園女子短期大学助教授．北海道教育大学教授等を経て，2008 年より現職．

主な著書（*は共著）：

『参加による自治と創造：新・地域社会論』（日本経済評論社）2019 年

『「自治体社会教育」の創造（増補改訂版）』（北樹出版）2011 年

『世界に学ぶ地域自治』（学芸出版社）2021 年*

『社会教育職員養成と研修の新たな展望』（東洋館出版社）2018 年*

『地域を支える人々の学習支援』（東洋館出版社）2015 年*

『公民館のデザイン』（エイデル研究所）2010 年*

『学びあうコミュニティを培う』（東洋館出版社）2009 年*

『社会教育：自治と協同的創造の教育学』（国土社）2006 年*

自治と教育の地域づくり

新・地域社会論 II　　　シリーズ社会・経済を学ぶ

2021 年 9 月 15 日　第 1 刷発行

定価（本体 3000 円＋税）

著　者　内　田　和　浩

発行者　柿　﨑　均

発行所　株式会社 日本経済評論社

〒101-0062 東京都千代田区神田駿河台 1-7-7

電話 03-5577-7286　FAX 03-5577-2803

E-mail：info8188@nikkeihyo.co.jp

装丁・渡辺美知子　　　印刷・文昇堂／製本・根本製本

ISBN978-4-8188-2596-3 C1336

シリーズ社会・経済を学ぶ

木村和範　**格差は「見かけ上」か**　所得分布の統計解析
所得格差の拡大は「見かけ上」か．本書では，全国消費実態調査（ミクロデータ）を利用して，所得格差の統計的計測にかんする方法論の具体化を試みる．　本体 3000 円

小坂直人　**経済学にとって公共性とはなにか**　公益事業とインフラの経済学
インフラの本質は公共性にある．公益事業と公共性の接点を探りつつ，福島原発事故をきっかけに浮上する電力システムにおける公共空間の解明を通じて，公共性を考える．　本体 3000 円

小田　清　**地域問題をどう解決するのか**　地域開発政策概論
地域の均衡ある発展を目標に策定された国土総合開発計画．だが現実は地域間格差は拡大する一方である．格差是正は不可能か．地域問題の本質と是正のあり方を明らかにする．　本体 3000 円

佐藤　信　**明日の協同を担うのは誰か**　基礎からの協同組合論
多様に存在する非営利・協同組織の担い手に焦点をあて，資本制経済の発展と地域経済の変貌に伴う「協同の担い手」の性格変化を明らかにし，展望を示す．　本体 3000 円

野崎久和　**通貨・貿易の問題を考える**　現代国際経済体制入門
ユーロ危機，リーマン・ショック，TPP，WTO ドーハラウンド等々，現代の通貨・貿易に関する諸問題を，国際通貨貿易体制の変遷を踏まえながら考える．　本体 3000 円

徐　涛　**中国の資本主義をどうみるのか**　国有・私有・外資企業の実証分析
所有制と産業分野の視点から中国企業の成長史を整理し，マクロ統計資料と延べ約 1 千万社の企業個票データをもちいて，国有・私有・外資企業の「攻防」を考察する．　本体 3000 円

越後　修　**企業はなぜ海外へ出てゆくのか**　多国籍企業論への階梯
多国籍企業論を本格的に学ぶ際に，求められる知識とはどのようなものか．それらを既に習得していることを前提としている多くの類書を補完するのが，本書の役割である．　本体 3400 円

笠嶋修次　**貿易利益を得るのは誰か**　国際貿易論入門
貿易と投資の自由化は勝者と敗者を生み出す．最新の理論を含む貿易と直接投資の基礎理論により，自由化の産業部門・企業間および生産要素間での異なる経済効果を解説する．　本体 3000 円

市川大祐　**歴史はくり返すか**　近代日本経済史入門
欧米技術の導入・消化とともに，国際競争やデフレなどさまざまな困難に直面しつつ成長をとげた幕末以降から戦前期までの日本の歴史について，光と陰の両面から考える．　本体 3000 円

板垣　暁　**日本経済はどのように歩んできたか**　現代日本経済史入門
敗戦からバブル崩壊までを中心に，日本経済の成長・衰退をその背景・要因を含め解説，政治状況や代表的な産業にも言及．学生からビジネスマンまで幅広く手に取れる入門書．　本体 3000 円

水野邦彦　**韓国の社会はいかに形成されたか**　韓国社会経済論断章
数十年にわたる国家主義統合と経済成長，その陰での民族抑圧構造，覆い隠されてきた「過去事」とその清算運動，米国・日本の関与とグローバル化のなかで，韓国社会を把握．　本体 3000 円

内田和浩　**参加による自治と創造**　新・地域社会論
いま，共同体として見直しが進む「地域社会」とは何か．現代に至るまでの地域社会の歴史と構造を学び，高齢者，エスニック，女性，ボランティア等々，多様な住民の地域への参加を考える．　本体 2800 円

古林英一　**増訂版　現代社会は持続可能か**　基本からの環境経済学
環境問題の解決なくして人類の将来はない．環境問題の歴史と環境経済学の理論を概説し，実施されている政策と現状を環境問題の諸領域別に幅広く解説する．　本体 3000 円